JN287722

経理財務 お仕事マニュアル 入門編

絵で見てわかる経理の基本

CSアカウンティング株式会社 編

税務経理協会

まえがき

経理分野の業務は，各企業や社会ニーズの変化にともない役割や機能の高度化，再編成が進んでおり，経理職については企業の求人ニーズが年々高くなっております。そのため，簿記２級等を取得した業務未経験の方の就職の希望も年々増加しており，経理実務の効率的なスキルアップの方法が必要とされてきています。

経理初学者を対象として現在出版されている書籍は，ある程度の知識があることが前提のものが多く，実際には初学者の方が内容を理解するには難しいものが多いのが現状です。また，その内容は理論的なものが多く含まれており，学習内容が必ずしも仕事に直結していないという面もあると思います。

本書は経理初学者が，会計の基本的知識の習得をするとともに，基本業務を遂行できるよう配慮し，可能な限り簡単に説明を行いました。業務で必要な知識を解説するほか，具体的に業務を進める方法をマニュアルとして記載しております。特にマニュアルは，弊社のアウトソーシング業務において実際に活用されているものであり，すぐに実務で利用することが可能になっております。初めての方でも負担なく繰り返し利用することができ，また，利用することで自然に経理実務のレベルアップが図れるものになっていると自負しております。

本書は経理初学者の方の仕事のマニュアルとして，また，企業研修の参考書としてご活用いただければ幸いです。本書を利用することで多くの経理のプロフェッショナルが誕生することを切に願っております。

最後に，本書の出版につきまして株式会社税務経理協会の書籍企画部及び製作部の皆様には大変お世話になりました。ここに厚く御礼申し上げます。

2007年4月

CSアカウンティング株式会社　執筆者一同

Contents

3　月次決算とは？　～日常業務から月次決算へ

4　決算はむずかしくない！　～月次から決算へ

5　余力があれば…税務の概要

6　経理マンはバランスが大切！〜求められるスキル

7　お役立ち情報〜実務で困ったときに

8　これで完璧〜月次・年次決算マニュアルシート

9 付　録

1

経理をする前に
～経理の全体を把握しよう

1 経理部門とはどんなところ？

（1） 経理部門の業務

この本を読んでいるみなさんは，経理部門に配属された方，またはこれから経理の仕事をしてみたい方がたではないかと思います。ここでは，会社の経理部門が一体どのような役割を果たしているのか見ていくことにしましょう。

会社は営業活動を行う場合に，資金のやり取りをしています。資金の管理をし，決算のときには決算書を作成して決算報告資料の作成を行っています。会社によって，経理部門の業務範囲は多少異なりますが，大きな項目として次のものがあります。

① 資金管理
② 決算書の作成
③ 経営会議資料の作成
④ 税務申告

（2） 経理部門が関係する部署

経理部門は，会社内部においてさまざまなやり取りが業務上発生します。ここでは，経理部門が係わる会社内部の部署について見ていきます。

• 営業部門

営業部門は営業活動により商品等を販売し，企業活動の源泉になる売上金を獲得します。経理部門は，売上金の入金処理，得意先へ請求書を発行，売上計上などを行います。そのため，経理部門は，売上関連業務については営業部と連絡を取り，処理を進めます。

• 購買部門

購買部門は会社の販売用商品の仕入を行います。経理部門は，仕入にともなう代金の支払，仕入計上を行っています。そのため，仕入関連業務については購買部門と連絡を取り，処理を進めます。

• 人事部門（総務部門）

人事部門では社員の給与を計算し，支給しています。人事部門では，給与データをもとに給料手当（役員報酬）・社会保険料・福利厚生費・所得税・住民税等を計算し，データを経理部に渡します。経理部門は，人事部門から送られてきたデータをもとに伝票を起票し，処理を行います。

• 経営企画部門

経営企画部門は，商品開発，営業戦略，財務計画や予算配分，業務内容の見直し，さらには将来的な事業展開など，会社経営の根幹に係わる仕事をしています。

経営企画部門では，経理部が作成した貸借対照表・損益計算書等の経理帳票をもとに経営者に報告をする資料を作成します。経営者は，定期的に会社の経営成績や財政状況等を確認して，事業活動が順調に推移しているかの確認を行います。

- 外部の利害関係者

経理部門に配属されると，会社内部の社員だけではなく，外部の利害関係者に対してもさまざまなやり取りを行うこととなります。代表的な外部の利害関係者としては，株主，税務署，銀行などの金融機関があげられます。

① 株主への決算報告

会社は決算が終了した後，一定の期間内に株主へ決算報告をしなければなりません。経理部門では，株主へ報告するための財務諸表等の資料作成を行います。

② 税務署への税務申告書提出

会社の決算が確定した後，税務申告書を作成して税務署へ提出し，税金の納付を行います。

この税務申告書の作成は，経理部門と顧問税理士が共同して作成をするのが一般的です。

③ 銀行などの金融機関との折衝

会社が，事業に必要な資金を銀行から調達する場合があります。この場合，経理部門では，銀行と借り入れ条件などの折衝を行うこととなります。この際に銀行から要請があれば，決算書や事業計画書等を提出します。

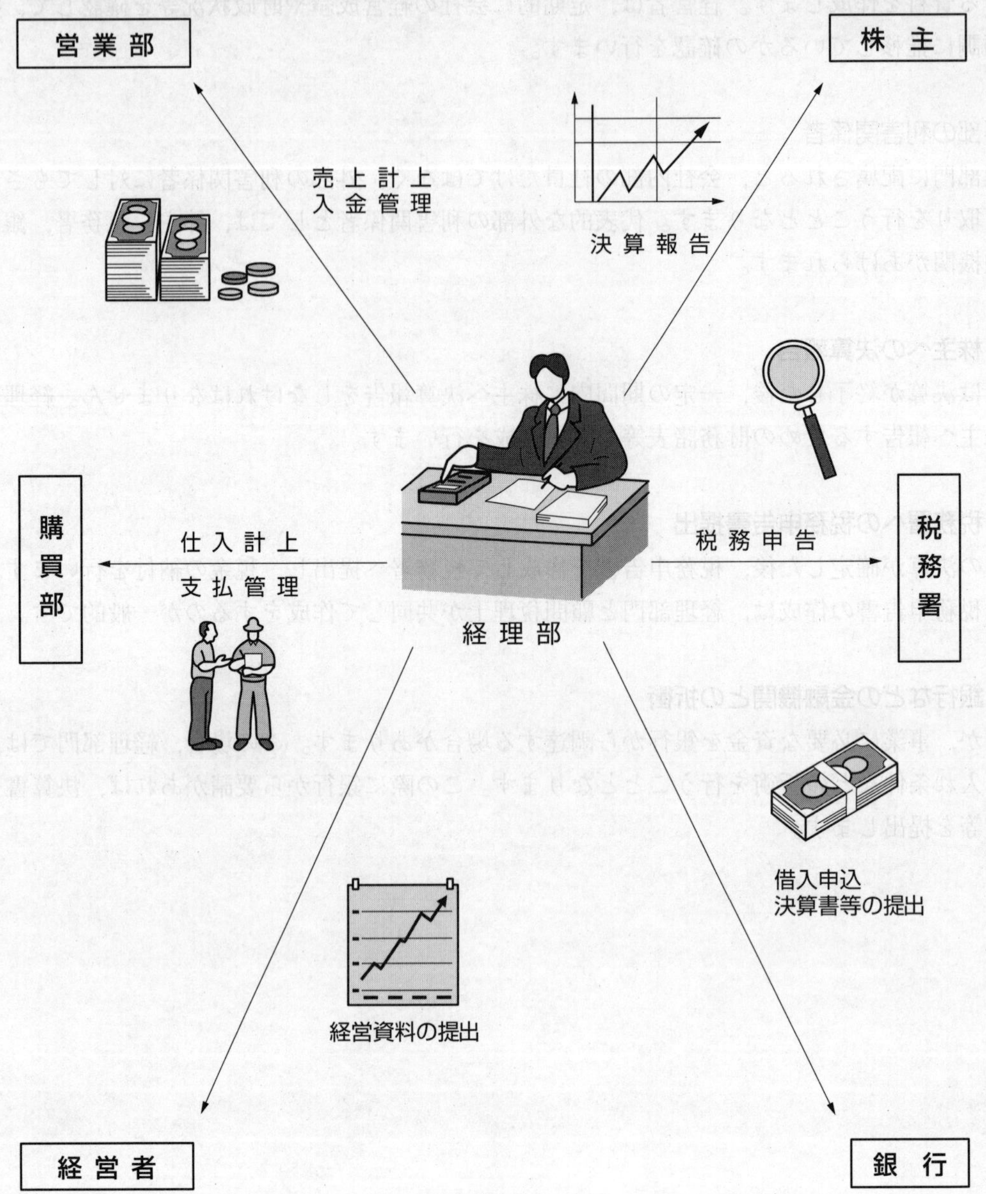
営業部
株主
売上計上
入金管理
決算報告
購買部
仕入計上
支払管理
税務申告
税務署
経理部
借入申込
決算書等の提出
経営資料の提出
経営者
銀行

2 経理部門の1日の流れ

経理部門における日々の業務分担は，会社の事業内容や経理部の人数などにより，各社が工夫をして決定しています。ここでは，伝票の流れに従って担当分担している場合を例に，1日の流れを説明します。

① 出納管理（入金・出金），銀行手続き
↓
② 伝票（仕訳）作成
↓
③ 経理システムへの伝票入力
↓
④ 支払いの決裁・伝票の確認

このように業務分担別に担当する場合のほか，勘定科目ごとに担当割を決める場合もあり，会社の方針によりさまざまな分担方法があります。

自分の担当業務が全体の流れのどの部分であるかを考えて作業をしましょう。

（1） 出納管理（入金・出金），銀行手続き

① 出 納 管 理

営業担当者などの，立替交通費や消耗品などの立替経費の精算を行います。

手許現金は，1日の終わりに必ず残高の確認の実施が必要です。

⇒ 現金の管理については，10現金・預金の管理について（⇨30ページ）をご参照下さい。

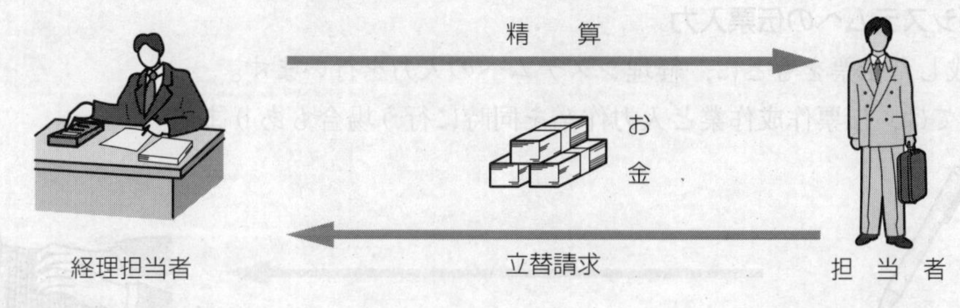

②　銀行手続き

- 銀行への通帳記帳

取引先の金融機関へ行き，口座への入金状況，口座からの引き落とし金額の確認をするために通帳の記帳を行います。

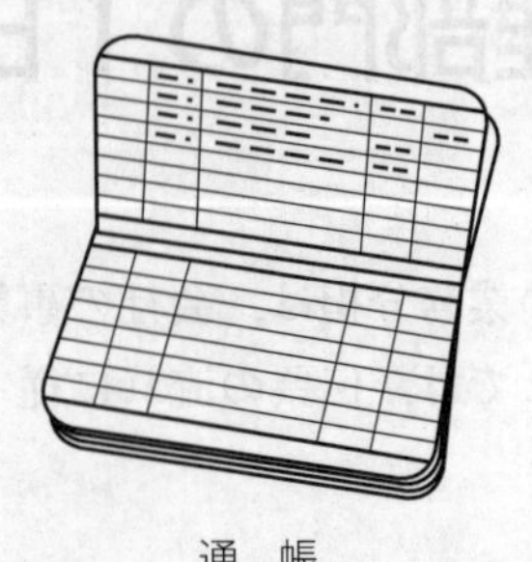

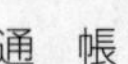
通　帳

小　切　手

- 小切手や手形の預け入れ

取引先から小切手や手形を受け取った場合には，小切手や手形の預け入れを行います。

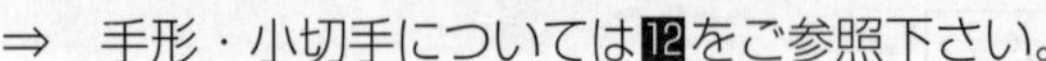
⇒　手形・小切手については12をご参照下さい。

- オンラインでの振込手続き

金融機関と契約をすることにより，振込の手続きをパソコンから行うことができます。この金融機関のサービスは，ファームバンキング（FB）またはエレクトリックバンキング（EB）と呼ばれます。このサービスを多くの会社では導入しており，パソコン上で振込手続きを行っています。

出納担当者は，振込手続きのために振込内容のFB（EB）登録を行います。振込日より前に登録をする必要があるため，振込日ごとに請求書をまとめておき，定期的に入力作業を実施します。

（2）　伝票（仕訳）作成

伝票作成担当者は，出納担当者が受け取った領収証などをもとに経理伝票を作成します。また，営業部署からの請求書などをもとに，売上・仕入などの伝票処理を行います。

領　収　書　　　　伝　票

（3）　経理システムへの伝票入力

（2）で作成した伝票をもとに，経理システムへの入力を行います。

会社によっては，伝票作成作業と入力作業を同時に行う場合もあります。

伝　票　　　　入　力

（4）　支払いの決裁・伝票の確認

支払いの決裁・伝票の確認は，主に経理部門の責任者の仕事となります。営業部門から送付されてきた請求書を支払う決裁を行うほか，経理スタッフが処理をした伝票の確認作業を行います。

承認者

銀行折衝などの，対外的に対応しなければならない責任の重い仕事などは，通常は経理責任者の方の仕事となります。

3 自分の会社の営業内容を説明できるか？

経理部門では，会社の営業活動を数字（金額）として記録し，一定の帳簿書類を作成するという役割があります。この記録は，具体的には伝票（仕訳）の作成から始まります。伝票の作成は，会社の営業活動を把握することで，より正確に処理を行うことができます。

具体例をみてみよう！

不動産会社を例に考えてみましょう。土地を仕入れて，その後，仕入れた土地を売却したとします。この場合，どのような取引が発生するでしょうか？

① 土地の仕入

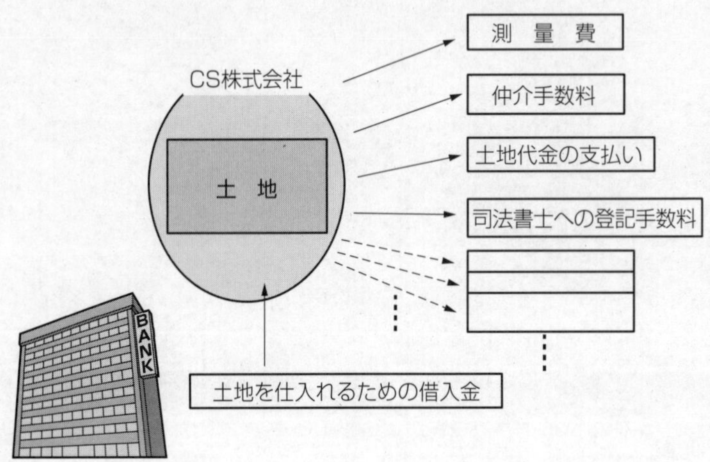

※ 土地を仕入れる場合には，土地代金，測量費，仲介手数料などの支払いや銀行からの借入金などが発生する場合があります。経理部門では，このような一連の営業取引に沿って伝票処理を行います。

（仕訳）

（借方）	（貸方）	取引内容
現　預　金	借　入　金	……銀行からの借入金の入金
商　品（土　地）	現　預　金	……土地代金の支払い
商　品（測 量 費）	現　預　金	……測量費の支払い
商品（仲介手数料）	現　預　金	……仲介手数料の支払い
商　品（登 記 料）	現　預　金	……司法書士への支払い

② 土地の販売

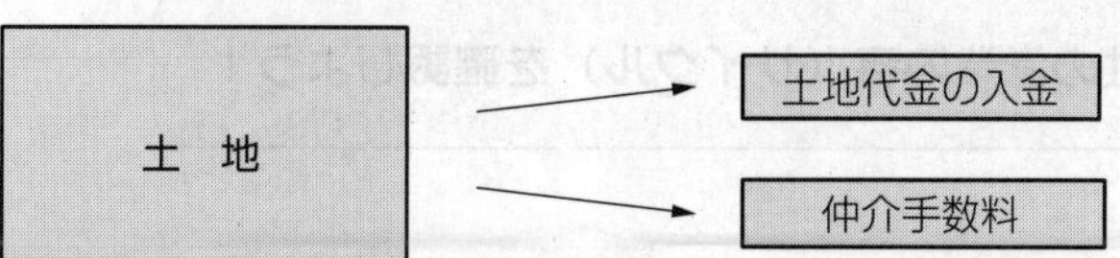

※　土地を販売した場合には，土地代金の入金や不動産業者に対する仲介手数料の支払いが発生します。また，銀行に対する借入金の返済を行います。

（仕　訳）

（借　方）	（貸　方）	取引内容
現　預　金	売　上（土地）	……土地の売却代金の入金
原　　　価	商　　　品	……土地の原価の計上
販売手数料	現　預　金	……仲介料の支払い
借　入　金	現　預　金	……借入金の返済

伝票処理は，次のような点に注意しよう。

① 仲介手数料など多い頻度で発生する取引の伝票が作成されていない場合には，発生の有無や業者からの請求書が到着しているかどうかを確認します。これにより処理漏れを防ぐことができます。

② ミスが発生しやすい項目を事前に確認しておきます。取引の都度，その項目を確認することにより処理のミスを防ぐことができます。

ワンポイントアドバイス

会社の営業内容を詳細に説明することができるようになれば，すべての経理伝票を作成することができます。

自分の会社の営業内容（サイクル）を確認しよう！

会社の営業サイクルは図で表しますと，次のようになります。

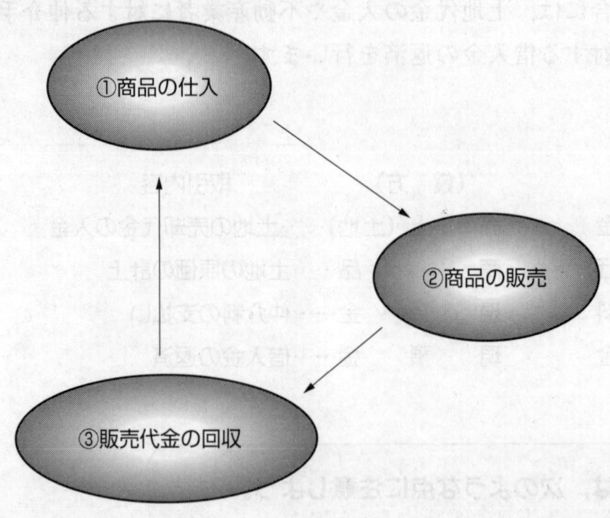

※　サービス業の場合には，商品の仕入がなく，商品販売（売上）と販売代金の回収のみとなります。

①　商品の仕入

小売業の場合には，商品を仕入れることから営業活動が始まります。また，製造業の場合には製品へ加工するための材料を仕入れることになります。まずは会社が何を仕入れ，また，何を生産しているか確認してみましょう。仕入れた商品をそのまま販売している場合と，仕入れた材料を製品に加工している場合とでは，伝票の処理が変わってきます。

②　商品の販売（売上）

次に会社が販売している商品，提供しているサービスを確認してみましょう。

物品販売の場合には，販売先の検収が終わった時点で売上の発生を認識しますが，サービス売上の場合にはサービスの提供が完了した時点になります。また，ホテルや貸室業の場合には，時間が経過することにより売上の発生を認識します。

③　代金の回収

売上の発生にともない，売上金の入金が発生します。商品の引渡しのときに現金で預かる場合，経理部門への現金の受け渡しはどのようになっているでしょうか？顧客への販売形態は現金入金でしょうか。それとも，納品日から一定の期間内に振込入金となるのでしょうか？

代金の回収という作業は，会社の損益には直接影響はしませんが，資金繰りなどに大きく影響するため，代金の回収方法や回収までの期間を把握しておくことは非常に大切です。

4 まず，お金の流れを確認しよう！

会計伝票の作成は，お金の動きに従って作成を行います。
会社の営業活動で生じるお金の動きを確認しておくことで，伝票の作成がしやすくなります。

【仕訳の基本形】

（借方）販　売　費　××　（貸方）現　預　金　××

① 経費の支払い

経費の支払いは，毎日支払いを行うものと月末などの時期に定期的に一括して支払いを行うものに分けられます。

会社では消耗品の購入や近距離の旅費など目的を限定した少額経費の支払いのため，ある程度の額をすぐ支出できるように現金を用意しておくことがあります。これは小口現金と呼ばれ，毎日精算が行われます。

銀行振込で支払う経費は，月末など毎月決めた一定の時期に一括して振込みを行います。そのため，経理部門では，定期的に振込み準備のための業務が発生します。このときに，どの時期にどの部署からどの業者への支払いがあるのかを確認しておくことで伝票の作成がしやすくなり，支払い忘れの防止にも役立ちます。

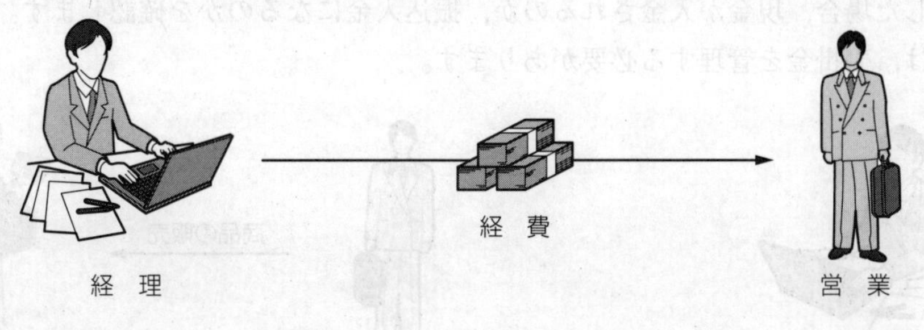

② 商品の仕入代金の支払

【仕訳の基本形】

・商品の仕入代金の支払いを行った。
（借方）仕　　　入　××　（貸方）現　預　金　××

・掛け仕入で購入した代金の支払いを行った。
（借方）買　掛　金　××　（貸方）現　預　金　××

商品の仕入の処理を行う場合には，どの業者からどの商品の仕入があるのかを確認し，支払いの条件などを確認します。具体的には，納品時に現金を支払うのか，支払手形を切るのか，後日振込送金により決済するのか等の条件を把握しなければなりません。

①の経費も同じですが，仕入先の業者は大体決まっているため，慣れてくると，業者名を見ただけで仕訳がイメージできるようになります。

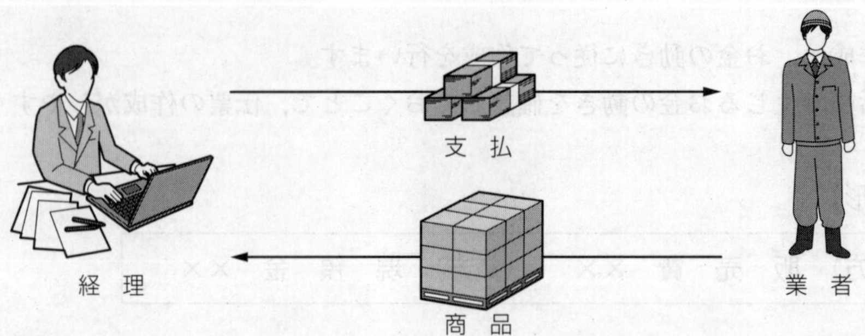

③ 商品の販売代金の回収

【仕訳の基本形】

・商品の販売代金の入金があった。
（借方） 現 預 金 ×× （貸方） 売 上 ××

・掛け販売した販売代金の入金があった。
（借方） 現 預 金 ×× （貸方） 売 掛 金 ××

売上が発生した場合，現金が入金されるのか，振込入金になるのかを確認します。後日振込入金となる場合には，売掛金を管理する必要があります。

具体的な伝票作成方法は，5何をもとに伝票を起票するか？（⇨13ページ）をご参照下さい！

5 何をもとに伝票を起票するか？

証憑書類をきちんと理解しましょう！

伝票を起票するためには，基礎となる資料をみて科目や金額を記載します。その基礎とすべき資料は一般的には証憑（エビデンス）などと呼ばれ，発注書，納品書，請求書，領収書などがあります。

証憑（エビデンス）は，会社の会計処理が正しく行われていることを対外的に証明するための大変重要な書類です。ここでは，証憑にはどのようなものがあるのか，一般的なものを紹介します。

① 売上の計上・入金

(売上の計上)

【仕訳の基本形】掛け売上の場合

(借方) 売掛金	63,000	(貸方) 売上	63,000

【仕訳の基本形】現金売上の場合

(借方) 現金	63,000	(貸方) 売上	63,000

売上の計上時には，売上日（納品日やサービスを提供した日）と売上金額がわかる資料を証憑として添付します。一般的には，みなさんの会社が得意先へ発行する請求書などがこれに該当します。また，現金商売の場合には，売上伝票及びレジペーパーを確認した後の日計表などがこれに該当します。

（売上請求書サンプル）

No.　P0604-16239
御請求明細書　請求日　2006年04月30日

〒163-0630
東京都新宿区西新宿1-25-1[illegible]0F
中央シーエスアカウンティング株式会社
TEL.03-5908-3421　FA[illegible]178

001511

下記の通り御請求申し上げます

前回御請求額	御入金額	調整額	繰越額	今回御買上額	内消費税額	今回御請求額
193,200	105,000	0	88,200	105,000	（　5,000　）	193,200

日付	伝票番号	商品名	数量	単位	単価	金額
06/04/28	0604-17574	振込　MTU/新宿新都心				105,000
06/04/30	0604-4622	月次作業 4月分	1		60,000	60,000
		税務指導 4月分	1		40,000	40,000
		【入金額】				105,000
		【課税対象額】				100,000
		【消費税】				5,000
		【今回御買上額】				105,000

（売上・売掛金の入金）
【仕訳の基本形】

（借方）預　金	63,000	（貸方）売掛金	63,000

売掛金の入金があった場合には，入金額や売掛金を特定する書類を添付します。

入金額を特定する預金通帳の入金欄のコピーや売掛金を特定する売掛金元帳，請求書が証憑となります。

②　商品の仕入及び経費の計上・支払い

（商品仕入の計上）
【仕訳の基本形】

（借方）仕　入	52,500	（貸方）買掛金	52,500

商品仕入の計上時には，仕入日（納品日やサービスの提供を受けた日など）が記載されていて，金額がわかるものを添付します。基本的には仕入先より発行される請求書などを添付します。

（仕入の請求書のサンプル）

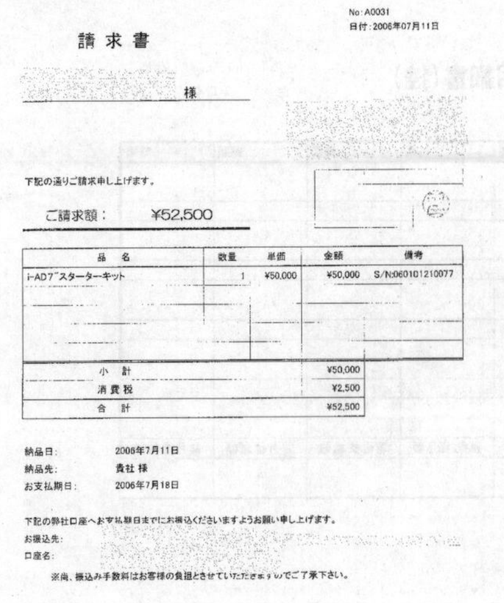

No：A0031
日付：2006年07月11日

請 求 書

様

下記の通りご請求申し上げます。

ご請求額：　¥52,500

品名	数量	単価	金額	備考
i-AD7"スターターキット	1	¥50,000	¥50,000	S/N:060101210077
小計			¥50,000	
消費税			¥2,500	
合計			¥52,500	

納品日：　2006年7月11日
納品先：　貴社 様
お支払期日：　2006年7月18日

下記の弊社口座へお支払期日までにお振込くださいますようお願い申し上げます。
お振込先：
口座名：
※尚、振込み手数料はお客様の負担とさせていただきますのでご了承下さい。

（引き落とし通知書サンプル）

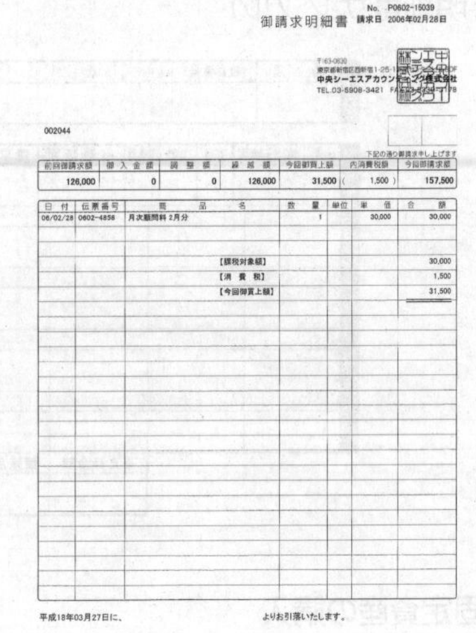

No.　P0602-15039
御請求明細書　請求日　2006年02月28日

〒163-0630
東京都新宿区西新宿1-25-1
中央シーエスアカウンティング株式会社
TEL.03-5908-3421

002044

下記の通り御請求申し上げます

前回御請求額	御入金額	調整額	繰越額	今回御買上額	内消費税額	今回御請求額
126,000	0	0	126,000	31,500	（1,500）	157,500

日付	伝票番号	商品名	数量	単位	単価	合額
06/02/28	0602-4856	月次顧問料 2月分	1		30,000	30,000
		【課税対象額】				30,000
		【消費税】				1,500
		【今回御買上額】				31,500

平成18年03月27日に、　　よりお引落いたします。

（経費・買掛金の支払い）

【仕訳の基本形】

（借方）経	費	12,797	（貸方）現	金	12,797

経費や買掛金の支払いの際には，領収証や請求書など，金額・内容の確認できるものを添付します。

（領収書サンプル）

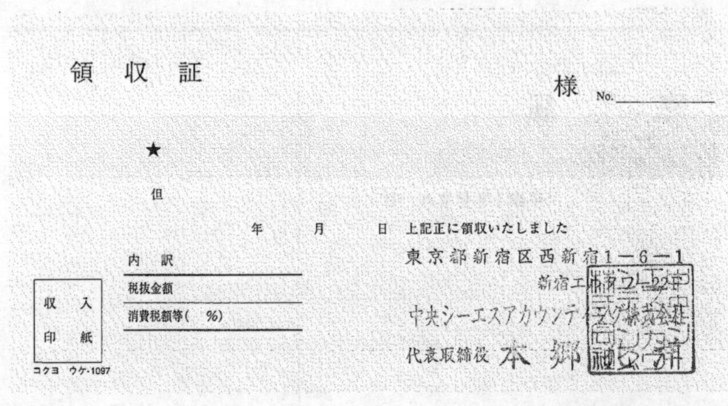

領 収 証

様　No.

★

但

年　月　日　上記正に領収いたしました

内訳
税抜金額
消費税額等（　%）

収入印紙

東京都新宿区西新宿1－6－1
新宿エル（タワー22F）
中央シーエスアカウンティング株式会社
代表取締役　本郷　孔洋

コクヨ　ウケ-1097

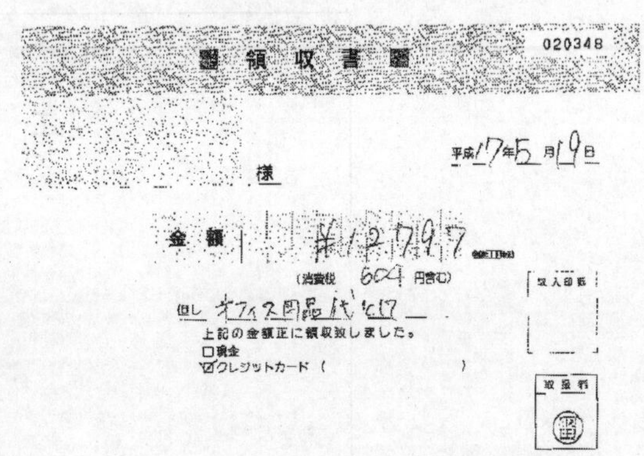

領 収 書　020348

様

平成17年5月19日

金額　¥12,797

（消費税　604　円含む）

但し　オフィス用品代として

上記の金額正に領収致しました。
□現金
☑クレジットカード（　　　）

収入印紙

③　給与の振込み

【仕訳の基本形】

（借方）給	与	10,000	（貸方）預	金	8,500
			預り源泉税		500
			預り社会保険料		1,000

給与の振込時には，給与の金額がわかるもの，すなわち給与台帳を添付しますが，給与台帳には個別の明細が記載されているため，一般的には人事担当者が作成した給与明細の合計表をもとに伝

票を作成します。

（給与明細書サンプル）

給与支給明細書（控）　　年　　月分

所属氏名	所属	社員番号	氏名
			様

勤怠他	出勤	休出	特休	有休	欠勤	有休残	出勤時間	遅早時間	時間	時間	時間	時間	時間	時間

支給控除									
支給									
控除									

総支給金額	控除合計額	差引支給額	銀行1振込額	銀行2振込額	現金支給額	翌月繰越額	前月繰越額

④　固定資産の購入

【仕訳の基本形】

（借方）固定資産　10,000　（貸方）預　金　10,000

固定資産の購入については，購入した資産の内容・工事の内訳などが確認できるものが必要です。請求書や工事の見積書により内容を確認します。

また，工事の場合には工事が完了したことを証明する工事完了届けなどを保管しておく必要があります。

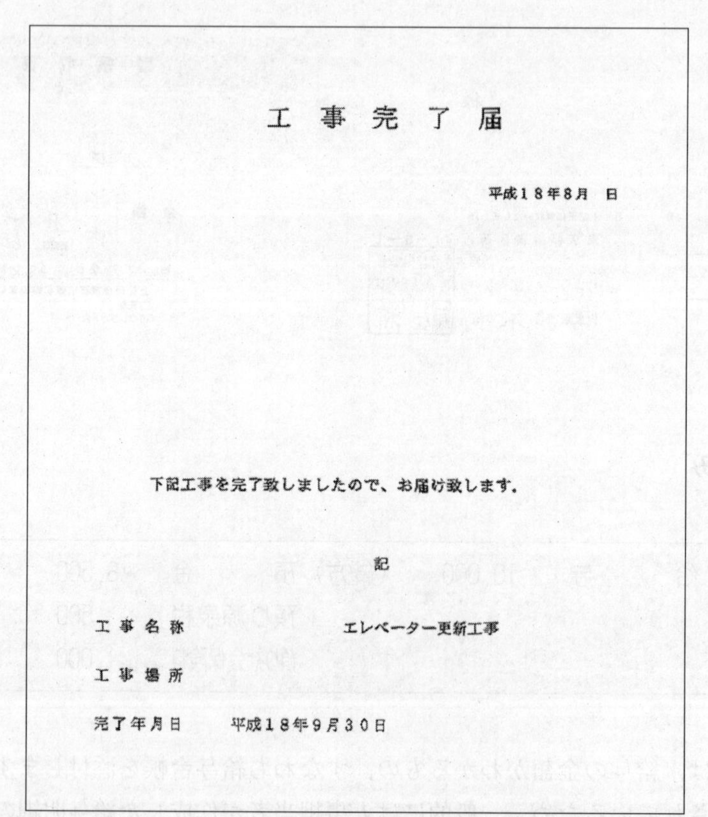

工　事　完　了　届

平成１８年８月　日

下記工事を完了致しましたので、お届け致します。

記

工事名称　　エレベーター更新工事

工事場所

完了年月日　　平成１８年９月３０日

6 伝票起票から決算書作成までの流れ

経理処理は，伝票の作成から始まります。伝票を作成（起票）した後は，会社の各帳簿を経由して，決算書へたどり着きます。

伝票の起票から，決算書までの流れを確認しておきましょう。

伝票から決算書までの流れを意識する理由

経理部門は，数字をまとめ決算書を作成するだけでなく，対象事業年度の営業活動を踏まえたうえで，その内容を経営者に説明できなければいけません。そのため，前期との会計データの比較を行い，差額の分析を行う必要があります。

そのため，会計伝票の作成時は，前期との相違部分を意識しながら作業を行います。これにより決算書の数字の内容を具体的に把握しやすくなります。

伝票作成から決算書作成までの基本的な流れ

①　伝票の作成

↓

②　総勘定元帳・補助元帳への転記

↓

③　合計残高試算表の作成

↓

④　貸借対照表，損益計算書の作成

経理システムを導入している会社の場合には①～④が自動的に作成されます。

具体例を用いて，総勘定元帳への転記をしてみよう！

①　伝票の作成

• 1万円で商品を売りました。

（借方）現　　金	10,000	（貸方）売　　上	10,000

②　総勘定元帳への転記

各勘定科目の明細（総勘定元帳）へ金額を記載します。

現　　金

【総勘定元帳】

株式会社○○　　　　平成○○年○月○日

年月日	伝票 No	相手科目	借方	貸方	残高
		前期繰越			0
180401	1	売上	10,000		10,000

③　合計残高試算表の作成

事業年度が終了したら，総勘定元帳の合計金額（残高）を合計残高試算表へ転記します。

合計残高試算表

借　方		貸　方	
現　金 売掛金 仕　入	10,000 5,000 7,000	買掛金 売　上	7,000 15,000
合　計	22,000	合　計	22,000

貸借の残高は一致しています。

④　貸借対照表，損益計算書の作成

③の試算表をもとに，貸借対照表・損益計算書を作成します。
（科目名などは簡便的な記載としています。）

貸借対照表

科　目	金　額	科　目	金　額
資産 現　金 売掛金	 10,000 5,000	負債 買掛金 純資産	 7,000 8,000
合　計	15,000	合　計	15,000

損益計算書

科　目	金　額
売 上 高 売上原価	15,000 7,000
当期利益	8,000

ワンポイントアドバイス

決算書をみて，自分の会社の営業内容を上司等に説明することができるよう，常に数字を意識しましょう。

7 他の部門との付き合い方

業務を円滑に進めるために必要な能力を身につけ，
他部門のスタッフとのコミュニケーションを良好に保ちましょう。

経理の仕事の特性と必要な能力

経理の仕事は，他の部門の仕事とは違った特性があります。経理部門のスタッフは，よく仕事の特性を理解して，行動しなくてはなりません。経理部門の仕事の特徴は次のとおりです。

① 金銭を取り扱う。
② 企業の機密情報が早く集まる。
③ 社内の個人情報が集まる。

もちろん仕事を行うルールとして，仕事で知った秘密は漏らしてはならないとか，会社のお金に手をつけてはならないということは，皆さんよく知っていることだと思います。

しかしながら，つい親しい人に機密情報を漏らしてしまったり，少額の会社のお金を持ち出すことをきっかけとして，新聞報道されるような情報の漏洩や使い込みなどの事件が発生しているのも事実です。

経理に携わる人に大切なことは，まず誠実であることです。企業のさまざまな情報，金銭，数字を扱うわけですから，誠実でないと信頼されません。経理部門のスタッフは誠実であることをいつも意識し，仕事をすることが必要です。

また，経理の仕事は，コミュニケーション能力を必要とします。たとえば，営業部門の経理を行う場合は，営業部門から提出される数字が適正なものであるか判断する業務も行うことになります。このときに求められるのが，現状と数字を比較して，数字の妥当性を判断する能力，異常を素早く見抜く能力です。他の部署のスタッフと積極的にコミュニケーションをとり，会話から必要な情報を収集することが必要となります。

ワンポイントアドバイス

経理が守らなければいけないこと
① 機密情報を漏らさない。
② 会社の金銭の管理をきちんとする。
③ 仕事の期日は確実に守る。
④ 仕事は確実に行いミスが出ないようにする。
⑤ 他の部署のスタッフとも積極的にコミュニケーションをとり，適切な情報収集に努める。

他部門や社外関係者との仕事の進め方

経理部門のスタッフは，他部門から経理資料を受け取り，取引先への支払いや決算の取りまとめ，経営管理資料の作成等，さまざまな仕事を行います。これらの仕事は，営業部門，購買部門などの社内の部門や社外の関係者とさまざまなやり取りを行いながら進めることとなります。

特に最近は決算や会計処理の早期化が求められています。これらの業務は確実にかつ迅速に行わなければなりません。自分の業務をスピーディに行うことはもちろんですが，スケジュールをしっかりと管理し，業務に必要な資料は必要な時期に入手できるように他部門や取引関係先等に請求していく必要があります。

また，他部門や取引先と業務を進める際には，相手が経理の専門家ではないことに留意しましょう。スムーズに仕事を進めるためには，相手の立場を考え，こちらの質問や要求が相手に理解できるように丁寧に説明することも大切なことです。

ワンポイントアドバイス

他部門や社外関係者との仕事の進め方で気をつけること

① 適切な時期に経理資料が入手できるように，早めに他部門や社外関係者に連絡する。

② 他部門や社外関係者は経理の専門家とは限らないので，わかるように説明をする。

自社の業務を知る必要性

経理部門のスタッフが会社の事業内容がわからない場合は，会社にとって非常に危険な状況です。経理は支払いなどの経理事務だけでなく，経営管理資料や予算の策定なども行いますから，会社の業務を知らないでは済まされません。自社の業務の現状を認識し，それを実質堅固に決算に反映させ，それに基づき予算計画を作成していくことが大切になります。会社の業務を知らないと伝票一枚回ってきても，それが何のことかわからないということが発生します。経営管理資料の作成に関わる場合，その内容がまったくわからないというのは問題です。

経理部門のスタッフは，ただの計算屋にならないように，常に会社の業務内容に眼を配り理解していることが必要になります。

8 外部コンサルタント（専門家）との付き合い方

公認会計士の業務と税理士の業務の違いを知ろう！

現在，経理部門で行うべき業務は非常に高度化・複雑化しており，社内の経理担当者のみで対応するのは大変困難になってきています。そのため，多くの企業では外部の専門家に何らかの形で協力をしてもらっているのが現状です。

会社の経理を支援する専門家としては，公認会計士や税理士がいます。公認会計士は監査や会計の専門家で，税理士は税務の専門家になります。

専　門　家	業務の内容	対　象
【公認会計士】 会計の専門家で企業の会計監査を行います。	会計，監査 （税理士登録者は税務も行います。）	主に大企業
【税理士】 税法の専門家で，税務相談や税務申告書の作成を行います。	会計，税務	主に中小企業

公認会計士の業務

会社は株主から預かった金銭を取締役が運営し，その活動について財務諸表をもとに定時株主総会で説明を行い，承認を受けることになります。しかしながら，これだけでは，その説明内容が正しいか客観的にわかりません。そこで，第三者の監査人の監査を受けることで，その内容の正確性，信頼性を確保します。会社法の大会社や株式を公開している会社は，それぞれの法令による監査が義務づけられており，公認会計士や監査法人に会計監査を依頼することとなります。

会計監査とは？

会社法の大会社や株式を上場している会社は，公認会計士や監査法人による監査が必要となります。公認会計士は帳簿や関係書類を確認するだけではなく，直接工場等に出向いて機械や在庫の確認なども併せて行います。そのため，年度の初めには，公認会計士と監査手続きやスケジュールの打ち合わせを行います。

また，監査を受ける際には，会計データの裏づけとなる資料の提示や説明を求められることがあるので，事前の準備が必要となります。

公認会計士との付き合い方

公認会計士は，会社が作成する書類にお墨付きを与える仕事です。したがって会計士がハンコを押せないといった場合には，会社としては修正するしかないという現実があります。

このような事態を回避するためには，期日ぎりぎりで話すのではなく，事前に事実を話して方向性を相談することが大切です。事前に背景などを説明することによって，それに適した開示の方法や処理方法を検討してもらうことができます。

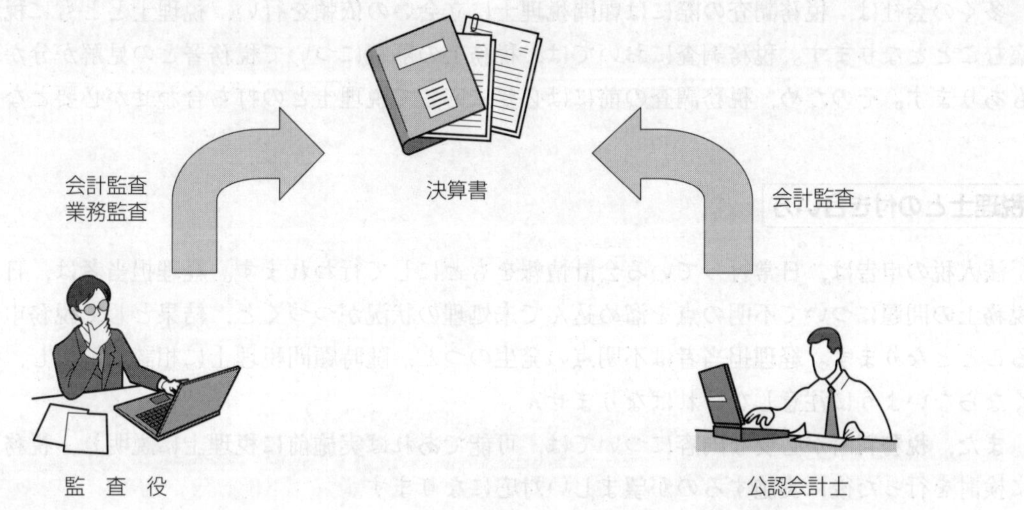

税理士の業務

税務などの特定分野は専門性が非常に高いため，経理部門のスタッフがそこに特化して専門性を上げていくのには限界があります。そこで，日常取引や案件ごとに税務の専門家に相談をする必要があります。そのため，多くの会社では税理士または税理士法人と顧問契約を締結し，相談を行っているのが一般的です。

①　税務相談

税務相談は，日々の取引や個別の案件で税務上問題となりそうな点について相談します。

税務は特に高度な知識を必要とするため，不明点が発生した場合には積極的に問い合わせを行います。

税法に基づく処理や対応には解釈をともなうため，不明点は発生のつど解決を行い，会社として適正と判断した内容に従って処理をする必要があります。

②　税務申告

決算が終わると税務申告を行います。税金を自社で計算し，申告納付するということは高い知識が求められます。そのため，税務申告書は顧問税理士と協力して作成することが多いです。

③　税務調査

会社は自ら税額を計算し，国に税金を納付します。これを「申告納税方式」と呼び，これは会社の税金の計算方式の基本となっています。そのため，会社が提出する法人税申告書の内容には，どうしても間違いが発生する可能性がでてきます。

そのため，税務署は納税が正しいかどうかを確認するために「税務調査」を行います。実地調査では，原則として事前に調査がある旨を会社もしくは会社の顧問税理士に連絡があり，日程の調整をして調査日程が決まります。数日の実地調査において，売上の過少計上や経費の過大計上などが指摘され，結果として納める税金が少なかった場合には，一般的には会社が修正申告書を提出して不足する税金を納めて終わりとなります。

多くの会社は，税務調査の際には顧問税理士に立会いの依頼を行い，税理士とともに税務調査に臨むこととなります。税務調査においては，税務上の解釈について税務署との見解が分かれることもあります。そのため，税務調査の前には必要に応じて税理士との打ち合わせが必要となります。

税理士との付き合い方

法人税の申告は，日常行っている会計情報をもとにして行われます。経理担当者は，日々生じた税務上の問題について不明の点を溜め込んで未処理の状況がつづくと，結果として税務申告も遅れることとなります。経理担当者は不明点の発生のつど，随時顧問税理士に相談・解決し，仕事が遅くならないように注意しなければなりません。

また，税務判断が必要な内容については，可能であれば実施前に税理士に説明し，税務上，十分に検討を行った後に実施するのが望ましい対応になります。

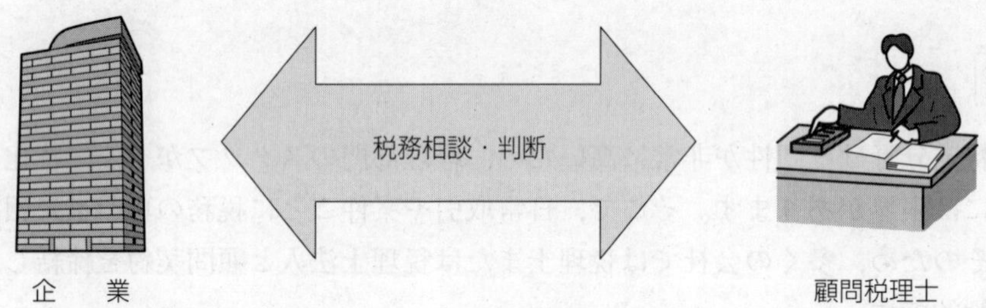

9 銀行との付き合い方

会社が資金を必要とする場合に一番多く使われる方法が金融機関からの借入れです。そのため，会社経営のために銀行などの金融機関は必要不可欠な存在となっています。経理部門は金融機関と接触する機会も多いため，付き合い方を理解することが大切です。

信頼関係の構築

近年，金融機関は，借り手との信頼関係をより重視してきています。信頼関係づくりといっても，金融機関の担当者のみが融資の審査をするわけではありませんので，金融機関の担当者と良好な人間関係を維持するだけではなく，金融機関自体と良い関係を保てるように努力する必要があります。金融機関との関係づくりのポイントとしては，次の点が挙げられます。

- 債務償還能力を維持する

金融機関に信頼されるために大切なのは，当たり前ですが金融機関との約束を守ることです。たとえば借入金がある場合には，約定どおりに返済を行うことが一番大切になります。それでは，会社が計画通りに借入金を返済するためには，どのような営業状態である必要があるのか考えてみましょう。

会社が借入金を返済する能力（債務償還能力）を維持するために最も必要なのは，必要な設備投資分を除いた本業のキャッシュフロー（フリーキャッシュフロー）が借入金の元本を上回っていることです。

フリーキャッシュフローがマイナスとなると，債権者に対して支払いができなくなることから，場合によっては資金調達の必要も出てきます。そのため，資金の返済能力を重視する安全性の観点からは，フリーキャッシュフローをプラスに維持することが基本になります。

フリーキャッシュフローとは？

企業が日々の経営活動でキャッシュを獲得（営業キャッシュフロー）し，そこから未来のために

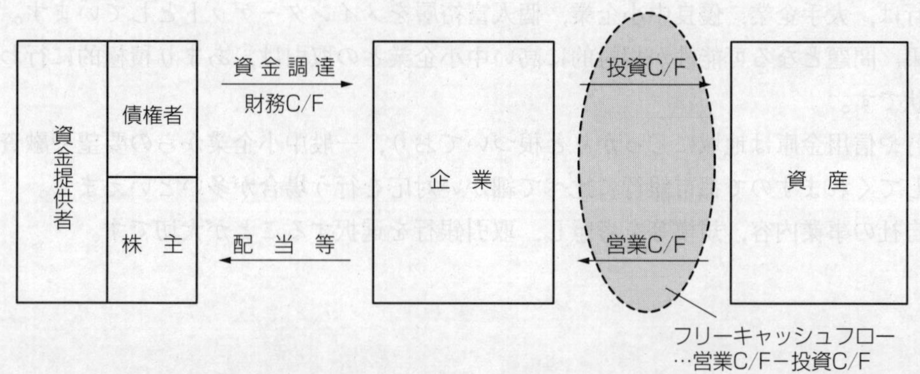

投資を行います（投資キャッシュフロー）。営業キャッシュフローから投資キャッシュフローを差し引いたその残ったキャッシュがフリーキャッシュフローと呼ばれます。

フリーキャッシュフローは，企業が投資家や債権者に対して還元もしくは返済することが可能な部分になります。

• 適切な経理を行い，金融機関に対して正確な財務状況の報告を実施する

金融機関の信頼を得るためには，正しい経理事務を行うことはとても大切です。たとえば返済の延滞を事務手続きミスで発生させると，信用格付けが低くなり，資金調達ができなくなることも有り得ます。堅実な経理事務を継続して行うことは，企業がきちんとしていることを示す上では大変重要です。

また，金融機関に対しては，正確な経理に基づいた財務状況の開示が必要となります。意図的ではないにしても誤った財務情報を開示することは，企業の信用情報をひどく傷つける結果となります。経理担当者としては，誤りが発生しないように慎重に日常の業務を進めなければなりません。

取引先の金融機関の財務情報はタイムリーに把握しましょう。

昨今，銀行や証券会社が破綻し，金融機関はつぶれないという神話は過去のものとなりました。不良債権の処理，資金の運用コストと運用利益の減少などによる経営環境の変化は，金融機関の経営に大きな影響を与えています。

経理部門の責任者は，取引銀行の経営状況を把握し，選択し，付き合うことが大切になってきています。取引金融機関が万が一破綻した場合や，資金調達の申し入れに失敗したときに備えて，複数の金融機関と取引をすることが大切です。万が一，取引金融機関が破綻した場合には，その金融機関の口座が凍結され，資金の引き出しができなくなることも想定されます。

取引銀行の選択

取引銀行を選択する場合には，自社の業務内容に適合している金融機関を選択することが大切です。業種によっては金融機関からの情報が必要な場合もありますし，国際取引を多く行っている会社は外国業務に強い金融機関が望ましいということもあるでしょう。

都市銀行は，大手企業，優良中小企業，個人富裕層をメインターゲットとしています。そのため，融資の結果，問題となる可能性が相対的に高い中小企業との取引は，あまり積極的に行われていないのが現状です。

地方銀行や信用金庫は地域にしっかりと根づいており，一般中小企業からの要望や融資の申し込みも対応してくれますので都市銀行に比べて細かい対応を行う場合が多いといえます。

会社は自社の事業内容，規模等を考慮し，取引銀行を選択することが大切です。

貸し渋り

貸し渋りとは，金融機関が，貸し出しに慎重になり，会社への新たな融資を断ったり，融資を引き上げたりすることを指します。この背景には，金融機関の経営の健全性を保つため，貸し付けに際して慎重になり，貸出資産を圧縮していることがあります。

貸し渋りに対応するためには，キャッシュフロー計算書を作成し，企業にとって必要な資金額を把握し，返済プランを見直さなければなりません。その結果，他に手段がなければ金融機関とリスケジュール（債務返済を繰り延べること）等の交渉を行います。なお，リスケジュールは借入れが返済できないことによる最後の手段になります。金融機関との交渉については事前に慎重に検討してください。

2

日常業務をマスターしよう

10 現金・預金の管理について

経理業務の基本的な業務の１つに，現金・預金の出納業務があります。特に現金の出納業務は基本中の基本であり，これがきちんとできていないと他の業務もきちんとできていないとみなされますし，次のステップに進むこともできません。

• 現金に関して

現金出納の流れ

現金出納の基本的な流れは以下のようになります。

補　充…………現金残高が少ない場合には，預金の引出等により現金の補充を行い，出金に備えます。

↓

出　金…………領収書や各種申請書等と引き換えに出金します。

↓

（**入　金**…………販売代金や小口の入金を行います。入金があった場合には，必要に応じて領収書の発行を行うこともあります。）

↓

取引の記録…………現金を締め，現金出納帳への記入を行います。記入のタイミングは出金した都度でも締めた後でも構いません。また，企業によっては現金出納帳を使わずに直接会計ソフトへの入力を行う会社もあります。

↓

残高の確認…………手許の現金を数え，金種表を作成します。作成後，帳簿残高と現金残高が一致していることを確認します。一致しない場合は合わない原因を突き止め，残高を合わせます。

↓

領収書等の整理……入力の終わった領収書等を紛失しないようにファイリングします。

現金の保管

現金は盗難や紛失などの事故や不正行為が起きやすいため，取扱いには注意を要します。具体的には金庫で厳重に保管し，取り扱う人を限定する等の対応が必要になります。

現金出納帳

平成18年 月	日	勘定科目	区分	摘要	収入	支出	残高
4	1			前期繰越	100,000		100,000
	7	会費収入		○○さんより会費受取	10,000		110,000
	15	事務用品費	管	△商店から事務用品購入		1,000	109,000
	28	材料費	事	□商店から材料購入		5,000	104,000
	30			次月繰越		104,000	
					110,000	110,000	
5	1			前月繰越	104,000		104,000

金種表

金額		@	数量	金額
紙幣	10,000円札			
	5,000円札			
	2,000円札			
	1,000円札			
硬貨	500円玉			
	100円玉			
	50円玉			
	10円玉			
	5円玉			
	1円玉			
通貨合計				

• 預金に関して

預金の種類

会社は用途に応じて，預金を使い分ける必要があります。一般的に使用される預金の種類は以下の通りです。

預金の種類	特　　徴	※ペイオフの場合
当座預金	主に小切手や手形取引に使用する口座。但し，利息はつかない。	全額保護
普通預金	いつでも自由に預け入れや払い戻しができる預金。最もポピュラーな口座。利息のつかない決済性普通預金というものもある	1,000万円＋利息（決済性普通預金は全額保護）
定期預金	預け入れ期間を定め，原則としてその期間の払出しは行う事ができない口座。但し，その分利息は普通預金よりも高く設定されている。	1,000万円＋利息
通知預金	預け入れ後，一定期間の据え置きと事前に解約の通知を必要する口座。以前は普通預金よりも利率が高かったので短期の資金運用に適していたが現在では同程度であり，新規の取扱いを中止している銀行もある。	1,000万円＋利息

※ペイオフ……金融機関が破綻した場合に，預金保険により支払われること。ちなみに外貨預金はペイオフの対象外。

預金出納の流れ

基本的な流れは現金の場合とほぼ同じです。ただし，預金の支払いでは給料の支払いや取引先への支払い等，金額が大きく振込先も多いものがありますので，現金以上に取り扱いには注意を要します。また，現在では窓口での取引だけでなく，パソコン上で支払業務や入出金照会などを行うことも普及してきています。これをFBといい，窓口での取引とFBを使い分けることにより，会社の事情に合わせた効率の良い預金管理ができます。

現金・預金の管理を上手に行うには？

主なものとして，以下のものが挙げられます。

- 金銭の取扱いに関する権限を明確にし，周知徹底する。
- 出納する人，記帳する人，承認する人を別にして相互にチェックできるようにする。
- 領収書・請求書などの証憑管理をきちんと行う。
- 内容不明の入出金の確認を随時行い，長期間放置しない。

11 現金以外の支払方法…手形・小切手について

現金以外の支払方法

現金以外での支払方法として，手形や小切手を用いる方法があります。最近では振込みによる支払いが一般的ですが，取引内容によっては，手形払いや小切手払いが発生します。この章では，手形や小切手の特徴や流れについて説明します。

～手形・小切手払いの特徴～

手形払いも小切手払いも振り出した時点では資金の流出はありませんが，資金化までの日数が大きく違ってきます。

① 手　形…通常，振出日から90日後や120日後などとなります。

② 小切手…自社の取引先銀行（支店）の場合は，振出当日に現金化が可能です。交換所での作業が必要な場合には，振出日から資金化に最短で2日以上かかります。

簡単・便利な手形・小切手を発行しよう！

手形及び小切手は，法律上では必要な要件が記載されていれば発行することはできますが，実際には，銀行で発行する手形帳や小切手帳以外は銀行では取り扱ってくれません。したがって実務上では，まず銀行に当座預金を開設し，手形帳及び小切手帳を購入して初めて発行することになります。

• 手形の流れ（当社が振り出した場合）

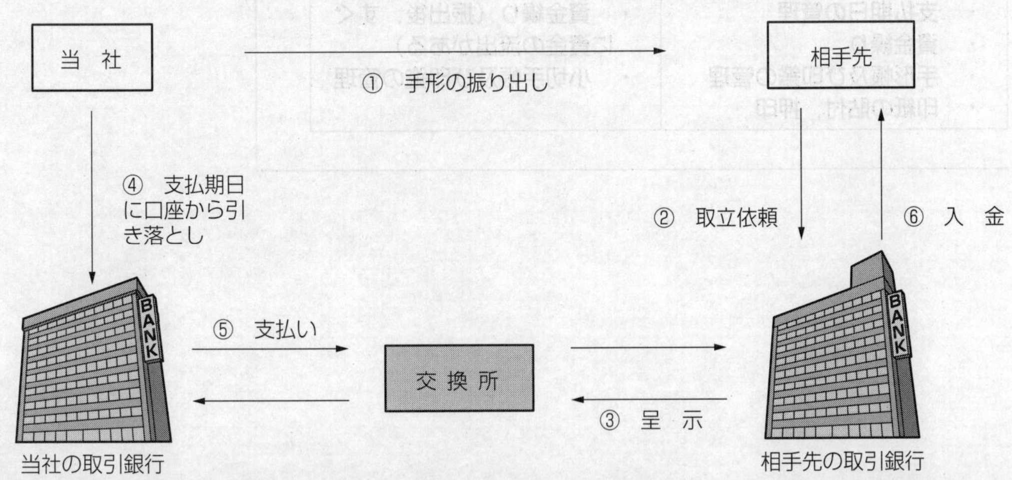

当社の取引銀行

- 小切手の流れ（当社が振り出した場合）

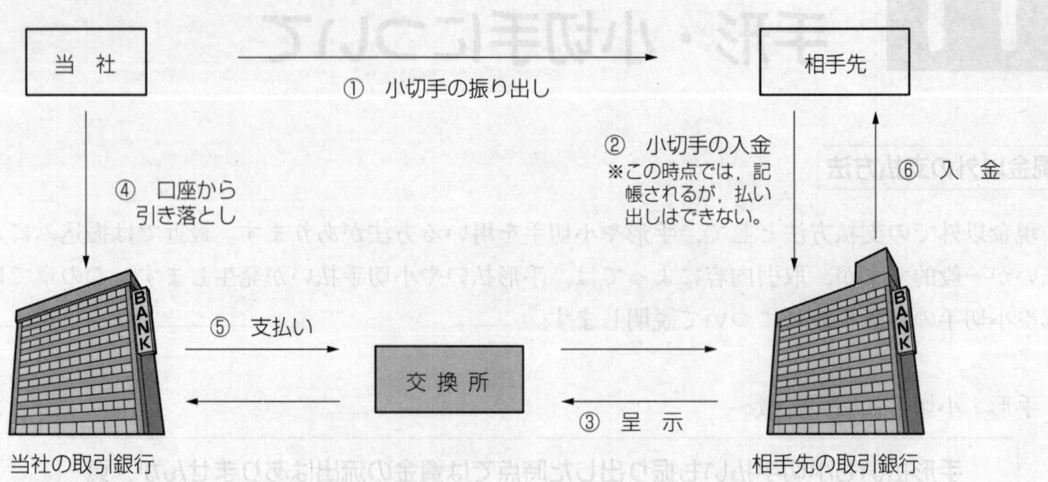

ワンポイントアドバイス

実際の発行にあたっての留意点

手形・小切手とも銀行から購入する用紙に記載要件が印刷されていますのでそれに従って記載していくことになります。

その他の主な留意点として

金額の記載方法…チェックライターを用いているか，手書きの場合には漢数字を用います。

STEP UP!

手形・小切手は，それぞれ管理上の注意点があります。

手　形	小切手
・支払期日の管理 ・資金繰り ・手形帳及び印鑑の管理 ・印紙の貼付，押印	・資金繰り（振出後，すぐに資金の流出がある） ・小切手帳及び印鑑の管理

〈手形のサンプル〉

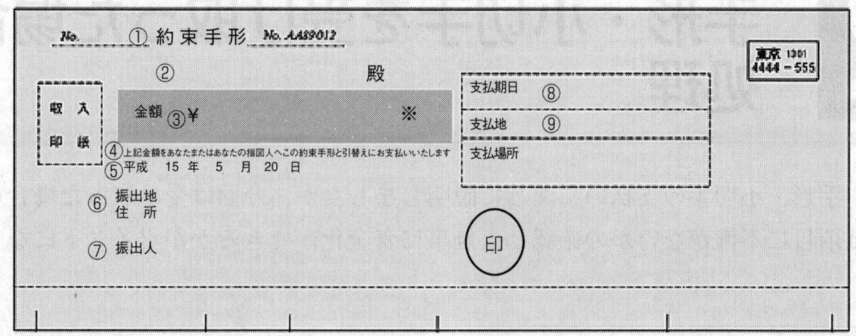

手形要件

① 約束手形であることを示す文字
② 受取人の名称
③ 手形金額
④ 支払約束文句
⑤ 振出日
⑥ 振出地
⑦ 振出人の記名・押印
⑧ 支払期日
⑨ 支払地

〈小切手サンプル〉

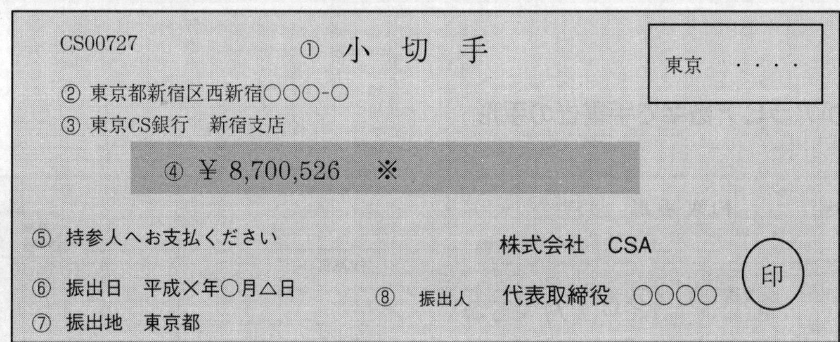

小切手要件

① 小切手であることを示す文字
② 支払地
③ 支払銀行
④ 小切手の金額
⑤ 支払を委託したもの
⑥ 振出日
⑦ 振出地
⑧ 振出人の記名・押印

12 手形・小切手を受け取った場合の処理

前項では，手形・小切手の支払いに関して説明しましたが，今回は受け取った場合に関して説明します。記載項目に不備がないかの確認と，無事に資金化ができるかがポイントになります。

こんな手形は受け取ってはいけません！！

① 金額欄に訂正印が押してある手形

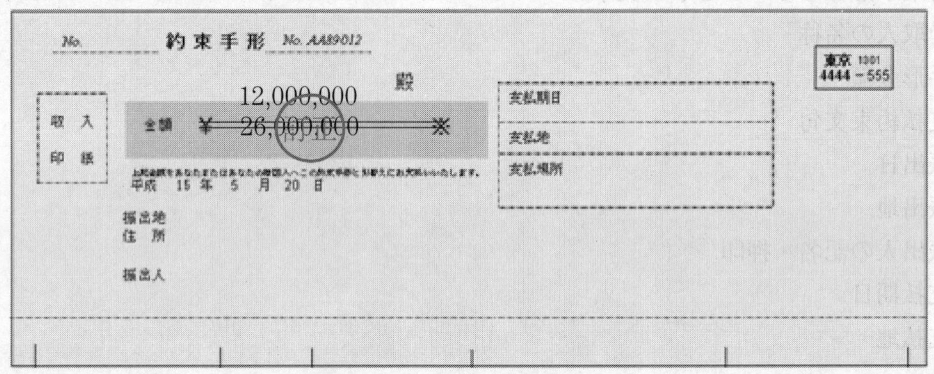

記載項目によっては訂正印による訂正も認められますが，金額欄の訂正は，銀行では取り扱ってもらえません。

② 金額欄がアラビア数字で手書きの手形

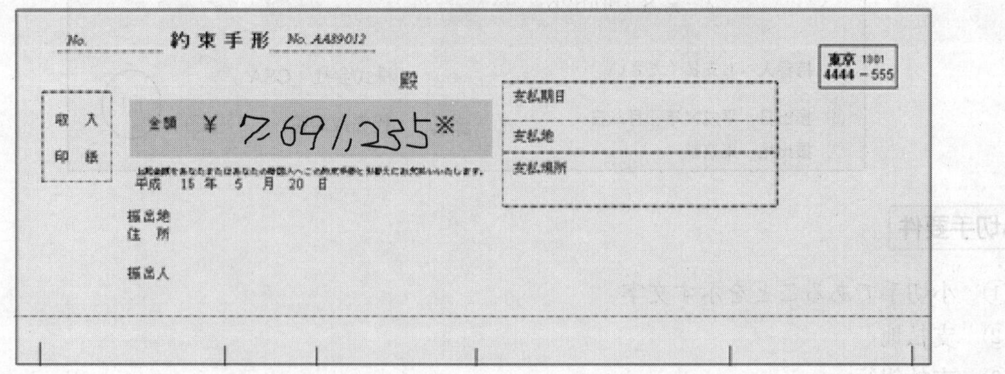

金額欄はチェックライターを用いて記入をするか，手書きの場合には，漢字（壱，拾などの偽造されにくい字を用います）で記入します。

③　記載項目に未記入の項目がある手形

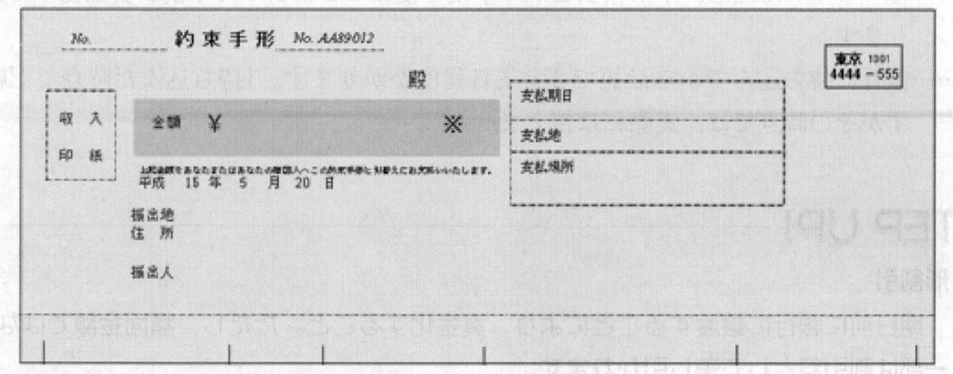
No.
約束手形 No. AA89012
東京 1301
4444－555
殿
支払期日
収入
印紙
金額 ￥ ※
支払地
支払場所
上記金額をあなたまたはあなたの指図人へこの約束手形と引替えにお支払いいたします。
平成 15 年 5 月 20 日
振出地
住所
振出人

約束手形の記載項目（手形要件）は，全部で９つあります。
記載項目が抜けている場合，不渡りになります。

※ここまでは，小切手の場合もほぼ同様の流れになります。

④　裏書が連続していない手形

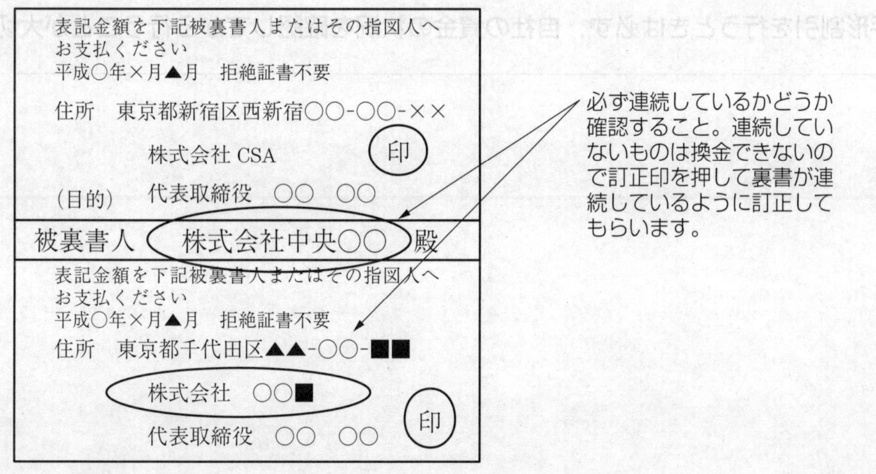

手形独特のものとして，手形の「裏書き」があります。これは，受け取った手形を別の支払いにあてるときに裏面に自社の住所や社名を記載し，相手に渡すことです。

この裏書が連続していない場合，不渡りになり，資金化されませんので注意が必要です。

手形・小切手はいつ資金化されるのですか？

手形・小切手では受け取ってから資金化されるまでの日数が大きく異なっています。会社の資金繰りに支障が生じないよう注意が必要です。

手　形……支払期日に記載されていますが，通常振出日から90日～120日後というのが多くなっています。ただし，手形割引という手段を使うことによって事前に資金化する方法もあります。

小切手……銀行に持ち込んでから最短で2営業日程度かかります。(持ち込んだ時点で記帳されますがその時点では，実際には使えません)

STEP UP!

• 手形割引

期日前に銀行に譲渡することにより，資金化すること。ただし，額面金額ではなく，一部は割引料として差し引かれます。

たとえば…

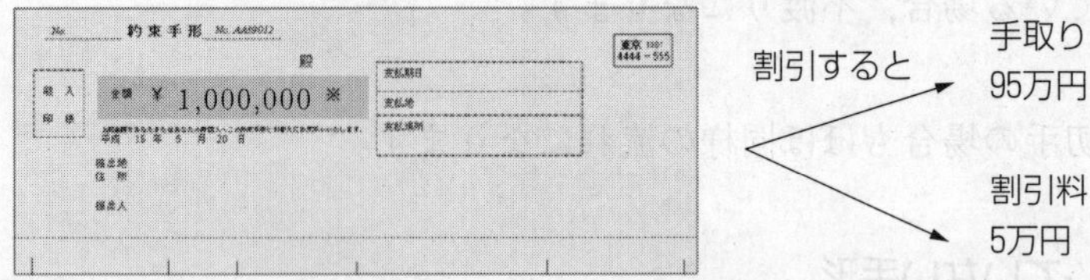

割引すると

手取り
95万円

割引料
5万円

手形割引を行うときは必ず，自社の資金の状況を確認してから行うことが大切です。

13 預金取引で生じるもの…預金利息，振込手数料について

預金利息について考えよう！

通常，銀行からお金を借りると当然，借入金に対して利息の支払いが生じます。それは，逆に銀行にお金を預け入れると預け入れ期間に対し，利息が生じるのと同じです。これを預金利息といいます。

預金利息の特徴として，預金利息の入金時に源泉徴収されている点が挙げられます。利息額の20%（そのうちの15% が国税，5% が地方税となります）が差し引かれますので留意が必要です。

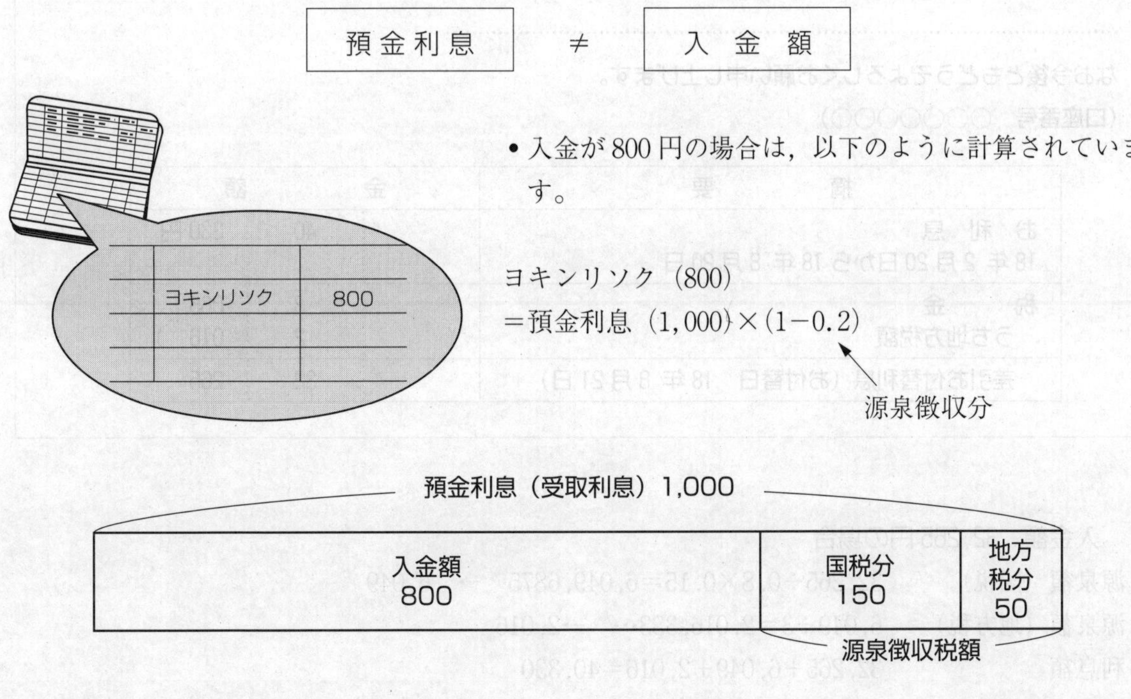

（借方）	預　　金	800	（貸方）	受取利息	1,000
	租税公課(国税)	150			
	租税公課(地方税)	50			

※　租税公課のところは，会社によって使用する科目が変わってきますので注意が必要です。

ワンポイントアドバイス

預金利息の仕組みを理解しよう。

通常，預金利息が入金になるときは，銀行から”普通預金利息計算書”などという通知書が届きますが，銀行によってはそれを発行しない銀行もあります。その場合には，預金利息の仕組みをきちんと理解して自分で入金額から逆算する必要があります。

〈普通預金決算通知書サンプル〉

普通預金決算通知書

18年 8月20日

株式会社○○▲▲銀行
取扱店　本店営業部
電　話　03-0000-■■■■

株式会社　□□□　様

日頃はなにかとお引き立ていただき誠にありがとうございます。

……………………………………………………………

なお今後ともどうぞよろしくお願い申し上げます。

（口座番号　○○○○○○○）

摘　要	金　額		
お 利 息 18年 2月20日から18年 8月20日		40	330円
税　　金 うち地方税額	 （	8 2	065 016　）
差引お付替利息（お付替日　18年 8月21日）		32	265

- 入金額　32,265円の場合

源泉額（国税）　　32,265÷0.8×0.15＝6,049,6875　→　6,049
源泉額（地方税）　6,049÷3＝2,016,333…　→2,016
利息額　　　　　　32,265＋6,049＋2,016＝40,330

必ず国税分≧地方税×3という図式が成り立ちます。そうでない場合は，計算結果に誤りがあるということになります。

STEP UP!

預金取引等にともないさまざまな手数料が発生します。

①　振込み手数料

相手先の銀行口座へ振込みするときに発生する手数料のことです。これは，銀行窓口での振込みだけでなく，ATM や PC を使った振込みの場合でも発生します。

②　FB 手数料

現在では，多くの企業が PC を介して振込業務や預金残高の確認など何らかの銀行サービスを利用しています。このときにかかる手数料を FB 手数料といい，利用するサービス内容によって金額が変わってきます。

この他にも，銀行から残高証明書を取得すると発行手数料がかかったりするなど，さまざまな名目で手数料が発生します。

14 伝票を起票する前に…科目の体系をみておきましょう

現預金の管理も覚えたことだし，そろそろ経理のメイン業務伝票起票をやってみましょう。

起票の仕方には一定のルールがあり，そのルールに沿って記入を行います。

記入された伝票は一定期日ごとに集計され，「試算表」と呼ばれる表が作成されます。

伝票作成の細かなルールは後で説明しますので，まずは「試算表」をみながら伝票を記入する上で一般的に使われる科目をみてみましょう。

ワンポイントアドバイス

伝票をスムーズに作成するためには，使用する科目を知っておくことが重要！！

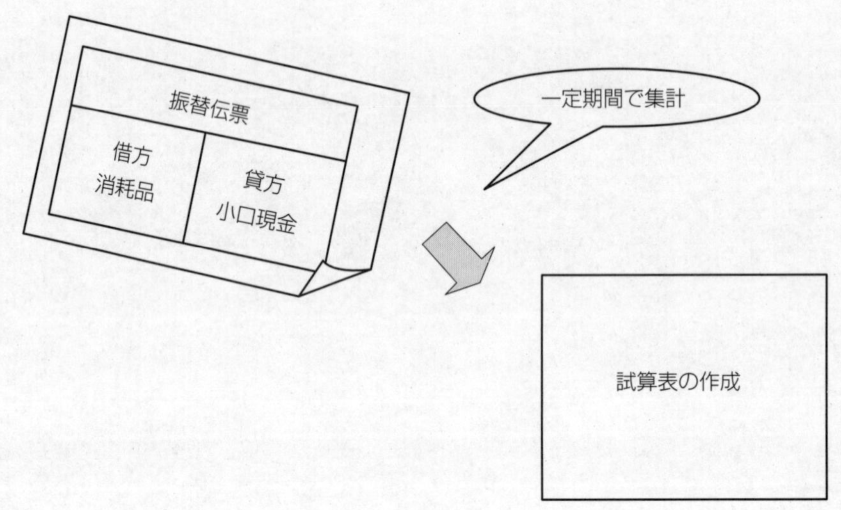

STEP UP!

科目名を見て，イメージがわけばOK！わかりにくい科目はチェック！

現金とか預金はわかるけど，貯蔵品ってなんだろう…？

わかりにくいものを列挙しました。

資産科目（財産を表す科目です）

➢当座預金…普通預金と違い無利息の預金。
　　　　　　引出しには小切手・手形を使用。主に会社の決済に使用される預金。

➢売掛金…売上に対する代金の未収部分

➢貯蔵品…切手や印紙などの在庫未使用分

➢前払費用…テーマ22「経過勘定ってなに？」を参照

➢短期貸付金，長期貸付金…短期長期の区別は「1年以内の期限」

➢貸倒引当金…テーマ33「引当金ってなに？」を参照

➢投資有価証券…売買目的であることが明らかでない有価証券（株式，公社債等）

負債科目（債務を表す科目です）

➢買掛金…仕入に対する代金の未払分。

➢預り金…従業員等からの預り分（所得税，住民税等々）

➢社債…自分の会社が発行した債券。借入証書と同じで「5年後に100万円返します」などのようなことが書かれている（利息も支払う）

うちの会社の科目と名前が少し違うようなのだけれど…？

会社によって使う科目名や仕訳にはそれぞれ特徴があり微妙に違います。

伝票を起票する前に必ず自分の会社の伝票や科目を見て，会社のパターンをつかみましょう。

合計残高試算表

自　平成18年4月1日　　至　平成18年4月30日

ABC商事

科目名	期首残高	借方	貸方	残高	科目名	期首残高	借方	貸方	残高
現金	×××	×××	×××	×××	支払手形	×××	×××	×××	×××
小口現金	×××	×××	×××	×××	買掛金	×××	×××	×××	×××
当座預金	×××	×××	×××	×××	短期借入金	×××	×××	×××	×××
普通預金	×××	×××	×××	×××	未払金	×××	×××	×××	×××
定期預金	×××	×××	×××	×××	未払費用	×××	×××	×××	×××
受取手形	×××	×××	×××	×××	前受金	×××	×××	×××	×××
売掛金	×××	×××	×××	×××	仮受金	×××	×××	×××	×××
有価証券	×××	×××	×××	×××	預り金	×××	×××	×××	×××
商品	×××	×××	×××	×××	未払法人税等	×××	×××	×××	×××
貯蔵品	×××	×××	×××	×××	賞与引当金	×××	×××	×××	×××
前渡金	×××	×××	×××	×××	長期借入金	×××	×××	×××	×××
前払費用	×××	×××	×××	×××	社債	×××	×××	×××	×××
短期貸付金	×××	×××	×××	×××	資本金	×××	×××	×××	×××
立替金	×××	×××	×××	×××	資本準備金	×××	×××	×××	×××
未収入金	×××	×××	×××	×××	資本金等減少差益	×××	×××	×××	×××
貸倒引当金	△×××	×××	×××	△×××	自己株式処分差益	×××	×××	×××	×××
建物	×××	×××	×××	×××	その他資本剰余金計	×××	×××	×××	×××
建物附属設備	×××	×××	×××	×××	資本剰余金計	×××	×××	×××	×××
機械及び装置	×××	×××	×××	×××	利益準備金	×××	×××	×××	×××
車両運搬具	×××	×××	×××	×××	別途積立金	×××	×××	×××	×××
工具器具備品	×××	×××	×××	×××	繰越利益剰余金	×××	×××	×××	×××
土地	×××	×××	×××	×××	その他利益剰余金計	×××	×××	×××	×××
減価償却累計額	△×××	×××	×××	△×××	利益剰余金計	×××	×××	×××	×××
投資有価証券	×××	×××	×××	×××	株主資本計	×××	×××	×××	×××
長期貸付金	×××	×××	×××	×××	評価・換算差額等計	×××	×××	×××	×××
期首商品棚卸高	×××	×××	×××	×××	売上高	×××	×××	×××	×××
仕入高	×××	×××	×××	×××	売上値引及び戻り高	×××	×××	×××	×××
仕入値引及び戻し高	△×××	×××	×××	△×××	受取利息	×××	×××	×××	×××
期末商品棚卸高	×××	×××	×××	×××	受取配当金	×××	×××	×××	×××
役員報酬	×××	×××	×××	×××	有価証券売却益	×××	×××	×××	×××
給料手当	×××	×××	×××	×××	雑収入	×××	×××	×××	×××
賞与	×××	×××	×××	×××	固定資産売却益	×××	×××	×××	×××
退職金	×××	×××	×××	×××	貸倒引当金戻入益	×××	×××	×××	×××
法定福利費	×××	×××	×××	×××	賞与引当金戻入額	×××	×××	×××	×××

科　目　名	期首残高	借　方	貸　方	残　高	科　目　名	期首残高	借　方	貸　方	残　高
福利厚生費	×××	×××	×××	×××					
消耗品費	×××	×××	×××	×××					
事務用品費	×××	×××	×××	×××					
地代家賃	×××	×××	×××	×××					
賃借料	×××	×××	×××	×××					
保険料	×××	×××	×××	×××					
修繕費	×××	×××	×××	×××					
租税公課	×××	×××	×××	×××					
減価償却費	×××	×××	×××	×××					
貸倒引当金繰入額	×××	×××	×××	×××					
賞与引当金繰入額	×××	×××	×××	×××					
旅費交通費	×××	×××	×××	×××					
通信費	×××	×××	×××	×××					
水道光熱費	×××	×××	×××	×××					
支払手数料	×××	×××	×××	×××					
運　賃	×××	×××	×××	×××					
広告宣伝費	×××	×××	×××	×××					
交際費	×××	×××	×××	×××					
新聞図書費	×××	×××	×××	×××					
研修費	×××	×××	×××	×××					
車両費	×××	×××	×××	×××					
研究開発費	×××	×××	×××	×××					
諸会費	×××	×××	×××	×××					
会議費	×××	×××	×××	×××					
貸倒損失	×××	×××	×××	×××					
雑　費	×××	×××	×××	×××					
支払利息	×××	×××	×××	×××					
有価証券売却損	×××	×××	×××	×××					
雑損失	×××	×××	×××	×××					
営業外費用	×××	×××	×××	×××					
経常利益	×××	×××	×××	×××					
固定資産売却損	×××	×××	×××	×××					
	×××	×××	×××	×××		×××	×××	×××	×××

15 伝票を起票しよう

伝票を起票するって？

会社で起こるさまざまな出来事を帳簿に記録することをいいます。

「伝票をきる」

「仕訳をきる」

「帳簿に記入する」

さまざまな言い方をしますが，すべて同じことを指しています。

取引

9月13日　ボールペンを10本買いました。

9月15日　商品が5個売れました。

取引を記録するっていっても文章で丸々記録すると見づらいですし，ごちゃごちゃしていますよね？そこで，会社の出来事を簡潔に記録するために決められた共通のルールが「簿記」です。

会社の出来事ってどこまで記録すればいいの？

会社では日々，さまざまな出来事が起こります。これらの出来事もすべて帳簿に記録する必要があるのでしょうか？答えはノーです。

「見積書を取引先に提出した」

「○△さんが遅刻した」

「コピー機が故障した」

ワンポイントアドバイス

帳簿に記録（＝伝票をきる）しなければならないのは，「会社の財産に変化を及ぼすような出来事」だけです。

伝票には，「会社の財産に変化を及ぼす出来事」を記入しましょう。

パソコンを買いました。

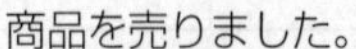

銀行から借入をしました。

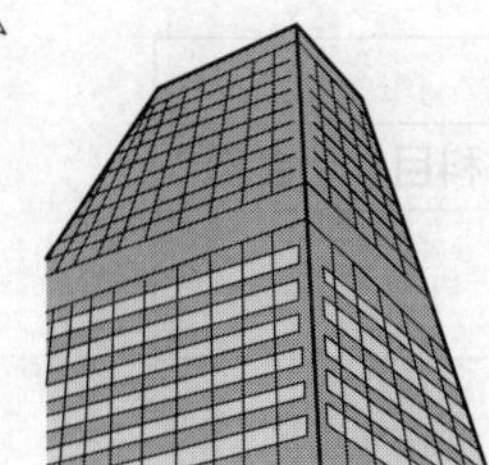

原材料を仕入れました。

商品を売りました。

実際に伝票を起票してみよう！

代表的な伝票の種類には以下のものがあります。

出金伝票…現金が出ていく（会社からお金が減る）取引のとき
入金伝票…現金が入ってくる（会社のお金が増える）取引のとき
振替伝票…現金が動かない取引のとき

ここでいう「現金」とは手元に実際持っている現金だけを指しています。よって，銀行に預けている預金からの引落し，または振込みがあった場合は「現金が動く取引」にはなりませんので注意しましょう！

出金伝票	支払先	
勘定科目	摘　要	金　額

貸方（右側）は常に「現金」と決められていますので，勘定科目には現金を支払う目的に該当する科目名を書き入れます。

入金伝票		
	入金元	
勘定科目	摘　要	金　額

借方（左側）は常に「現金」と決められていますので，勘定科目には現金が増えた原因に該当する科目名を書き入れます。

振替伝票				
金額	借方科目	摘要	貸方科目	金額

借方，貸方に自由に科目を書き入れることができます。

なお，現在は，パソコンで入力することがほとんどですが，パソコンにでてくる入力画面も同じです。

設例

9月13日　○○文具店でボールペンを10本現金で買いました。

会社の現金という「財産」が減って，ボールペンという「もの」が増えました。会社の財産に変化を及ぼす出来事なので伝票を起票します。

（借方）事務用品費　×××　（貸方）現　金　×××

現金が出て行くので出金伝票に書きます。

出金伝票		
	支払先　○○文具店	
勘定科目	摘要	金額
事務用品費	ボールペン10本	×××
	合計	×××

ワンポイントアドバイス

借方・貸方はもう間違えない！

借方（かりかた）は「左側」

貸方（かしかた）は「右側」

名前も似ているし，覚えにくいですよね？

かりかた……り は左側に払うので，借方は「左側」

かしかた……し は右側に払うので，貸方は「右側」

と覚えれば，もう間違えることもありません。

16 会社の資金調達の方法

会社の資金調達方法の違いを理解しよう！

会社の資金調達の方法には，主に，①銀行などの金融機関からの借入れ，②株式の発行（増資），③社債の発行の３つの方法があります。

会社が商品を買ったり，固定資産を買ったり，従業員に給料を支払うなど，活動していくためにはお金が必要になります。そして，これら３つの資金調達方法は，以下の２つの区分に分類することができます。①の金融機関からの借入れは間接金融と呼ばれます。一方，②・③の株式の発行と社債の発行は，直接会社が発行して資金を調達するものなので直接金融と呼ばれます。これらの3つの資金調達の主な内容は次のようになります。

銀行などの金融機関からの借入れとは？

個人が家を建てるときや，車を買うときなど高額の物を買うときには銀行などの金融機関からローンを組んでお金を借りることがあります。会社でも個人と同じように高額な物を買うときなどお金が必要なときには，金融機関からお金を借りることがあります。

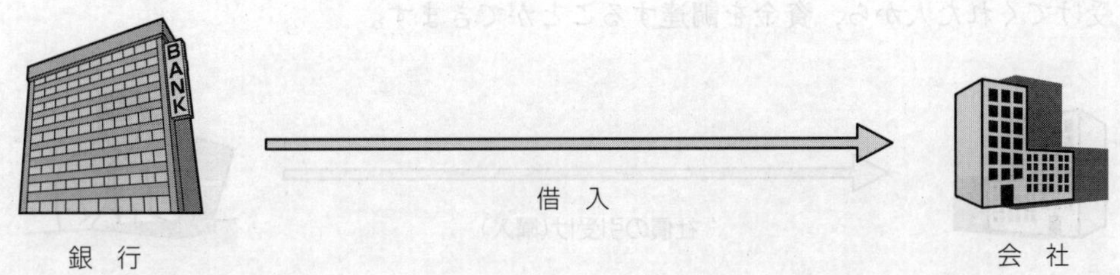

金融機関から借り入れたお金を返済する場合は，金融機関もタダで貸してくれるはずはありませんので，借り入れた元本に利息を上乗せしてお金を返していくことになります。

（借入時）

（借方）現 預 金 ×××	（貸方）借 入 金 ×××

（返済時）

（借方）借入金　×××　（貸方）現預金　×××
　　　　支払利息　×××

株式の発行（増資）とは？

会社を設立する際に株式を発行して株主からお金を集めます。設立をした後も株式を発行（増資）することによって株主になってくれる人から資金を調達することができます。

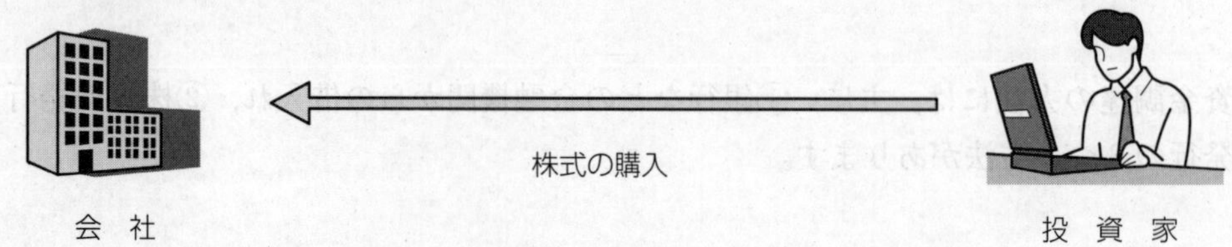

株式を発行して資金を調達する場合には，金融機関からの借入れと大きく違う点があります。借入れの場合は元本を返済する必要がありますが，株式の発行の場合には資本金に組み込まれるので返済をする必要がありません。その代わりに株主に対して配当をすることになります。

（借方）現預金　×××　（貸方）資本金　×××

社債の発行とは？

資金調達の三つ目の方法として社債の発行があります。会社が社債を発行することによって，社債を引き受けてくれた人から，資金を調達することができます。

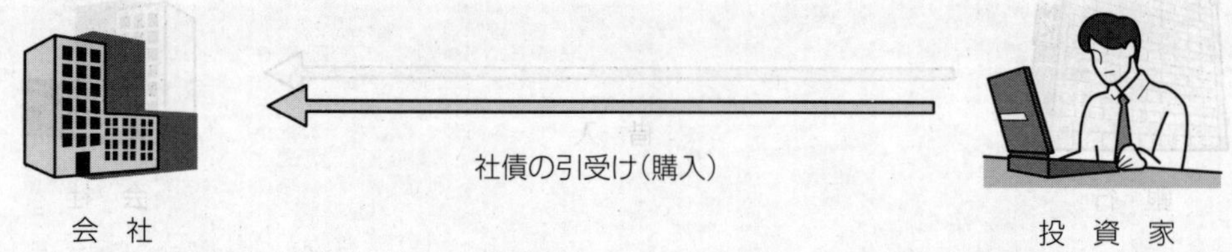

社債の発行の場合にも金融機関からの借入れと同様に，発行額の返済と社債利息の支払いが必要となります。社債の特徴は，金融機関からの借入れと異なり償還日までは，発行されるときに定められた社債利息分だけを支払い，償還日を迎えたときに元本を支払うというのが一般的です。

（発行時）

（借方）現預金　×××　（貸方）社債　×××

（償還時）

（借方）	社　　債	×××	（貸方）現 預 金	×××
	社債利息	×××		

会社の資金調達の方法としては主なものとして上記の３つの方法があり，資金用途や必要金額を考慮しながら，いずれかを選択しています。

17 余剰資金を活用～投資活動

余剰資金の活用方法を覚えよう！

会社は利益を出すために活動をしていますから，毎年利益が積み重なると余剰資金も積み重なっていきます。そこでその余剰資金の活用法として預金での運用以外に，①設備投資，②株式の購入，③債券の購入の３つの方法があります。

多くの会社では商品の売買など本来の営業活動のほかに上記のような投資活動も行っております。

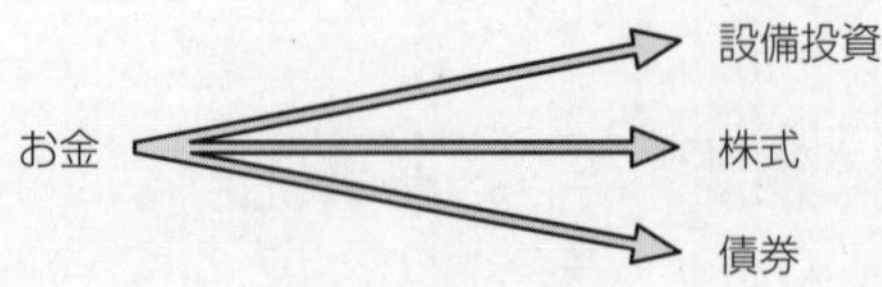

設備投資

建物や機械など会社が事業に用いる設備を購入することをいいます。

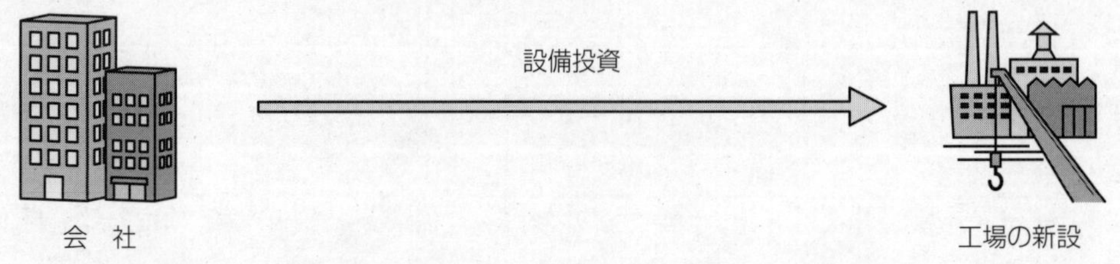

建物等を購入した場合の仕訳は以下のようになります。

（借方）建　物　等　×××	（貸方）現　預　金　×××

なお，固定資産を購入した場合には固定資産台帳にも記入をします。

記入例

名 称	期首簿価	増 加	除 却	売 却	減価償却費	期末簿価
建物等		100 (取得価額)				
合 計		100				

↑
当期の増加として記入

また，設備投資をする際に重要となってくるのは，投資した以上の収益が見込まれるかどうかということです。

下記のＡ案とＢ案の設備投資を検討してみると，Ａ案は投資額以上の累積収益が見込まれますので設備投資を行ったほうがいいことになります。一方Ｂ案は投資額だけの累積収益が見込まれませんので，設備投資は行わないほうがいいということになります。

	累積収益	投資額	差引利益	可否
A 案	150	100	50	○
B 案	80	100	△20	×

株式の購入

株式を購入し，購入時の価額よりも高くなったときに売却をすると，その差額分が利益となります。毎期の配当の他，株式の値上り益も期待できますが，市場の値動きによっては，投資金額を大幅に下回ることもありますので，ハイリスク・ハイリターンの投資活動といえます。

（購入時）

（借方）有価証券 ×××　（貸方）現 預 金 ×××

株式の売却の利益は本来の営業活動から生まれた利益ではありませんが，株式に投資をしている会社も多々あります。なかには本来の営業活動から生まれる利益よりも株式の売買によって生まれる利益の方が多い会社もあります。

債券の購入

債券は，通常，利付債券と呼ばれる発行されるときに決められた金利が満期まで支払われる固定金利のものが一般的です。償還期があり，満期まで保有すれば，元本と確定した利回りを得ることができます。ただし，発行体の信用度により債務不履行（デフォルト）が発生する場合がありますのでミドルリスク・ミドルリターンの投資活動といえます。債券には主として，国債，地方債，社債等があります。

（購入時）

（借方） 有 価 証 券 ×××　（貸方） 現 預 金 ×××

（利息受取時）

（借方） 現 預 金 ×××　（貸方） 有価証券利息 ×××

株式投資のようにハイリスク・ハイリターンの投資活動を選択するのか，債券等への投資活動のようにミドルリスク・ミドルリターンの投資活動を選択するのか，定期預金等の元本割れリスクの少ない運用にするのか，検討する必要があります。

18 給与計算の仕組みを理解しよう

給料日まであと少し♪……なんて，自分の給与のことばかり考えていてはいけません。経理にとって給与の仕組みを理解することも大事な仕事のひとつです。

「給与計算は給与部門の仕事」などと思っていたら大間違い。

仕組みをしっかり理解して伝票を作成しなければ，間違いだらけの伝票になってしまいますよ！

給与計算の仕組みを理解するには……

給与部門から提出される支給控除一覧表などの資料を読みこなしましょう。

STEP UP!

支給控除一覧表をチェックしよう。

ABC 商事
1月分

		合　計	
支給項目	基　本　給	3,372,404	①
	職務手当	0	①
	残業手当	10,218	①
	通勤手当	24,500	②
	課税通勤手当	0	③
控除項目	健康保険料	52,070	④
	介護保険料	7,810	⑤
	厚生年金保険	116,448	⑥
	雇用保険料	3,120	⑦
	所　得　税	212,086	⑧
	住　民　税	125,623	⑨
	総支給金額	3,407,122	
	控除合計額	517,157	
	差引支給額	2,889,965	⑩

《支給項目》

① 基本給・職務手当（役職手当）等

……本人の基本となる給与及び各種手当。他にも「家族手当」などさまざまな手当てがつくことがありますが，経理上はすべて「給与」として考えます。

役員分については「役員報酬」という名称を使います。

消費税は非課税です。

② 通勤手当，課税通勤手当

……これは他の手当と違い定期代の実費精算であるため，「給与」というより交通費と考えられます。実費精算の面から，所得税は原則として非課税とされています。また，交通費なので消費税は課税です。

③　課税通勤手当

……月に10万以上の通勤手当など，法律で決まった額以上の通勤手当の支給をしている場合には所得税がかかるため，給与計算上では区別されて載ります。しかし，経理上は「通勤手当」とまとめて考えてかまいません。また，交通費なので消費税は課税です。

《控除項目》←本人から徴収しているもの

④⑤⑥　健康保険料，介護保険料，厚生年金保険

……すべて社会保険のなかのひとつ。保険料を会社と本人で折半して負担している。一覧表に計上されているのはもちろん本人負担のみです。

⑦　雇用保険料

……労働保険のひとつ。会社と本人で一定の割合を負担している。一覧表に計上されているのはもちろん本人負担のみです。

⑧　所得税

……本人から徴収した源泉所得税です。

⑨　住民税

……本人から徴収した住民税です。

（借方）	給与手当	3,382,622	①	（借方）	現預金	2,889,965	⑩
	旅費交通費	24,500	②③		預り金（社会保険料）	176,328	④⑤⑥
					預り金（雇用保険料）	3,120	⑦
					預り金（源泉所得税）	212,086	⑧
					預り金（住民税）	125,623	⑨

預かった保険料や税金はどうなるの？

預り金に計上した保険料や税金は以下のように納付することになります。

- 社会保険料（健康保険，介護保険，厚生年金保険）は，翌月末に会社負担分と一緒に納付（納付の通知が来ます）します。
- 雇用保険料は，毎年5月に労災保険（全額会社負担）と一緒に納付します。（年3回の予定納付があります）
- 所得税は翌月10日までに納付します。
- 住民税は翌月10日までに納付します。

給与計算は奥が深いもの。給与計算にもっと興味を持ったら給与計算の本を読んでみましょう。

19 年末調整はサラリーマンの確定申告

年末調整という言葉は聞いた事がありますよね。
「毎年税金が返ってくるアレでしょ」とお思いの方，そうアレです。
でも，アレが何なのか実際きちんと知らないのではないでしょうか？
ここでは経理にも関係のある年末調整についてご紹介します。

➢そもそも年末調整とは……？

みなさんは毎月給与から源泉所得税を差し引かれています。その源泉所得税は会社から税務署に支払われます。

しかし，毎月引かれている源泉所得税は完全に確定しているわけではありません。あくまでも概算です。

そこで，年末に各人のデータを確認して源泉所得税を再計算することになります。これが年末調整です。

➢年末調整はすべての人が行うわけではありません

年末調整を行う人は限られています。詳しく見ると以下の表のようになります。

年末調整の対象となる人	年末調整の対象とならない人
「給与所得者の扶養控除等（異動）申告書」を提出した人で ① 1年を通じて勤務している人 ② 年の途中で海外から帰国した人 ③ 年の途中で就職し，年末まで勤務している人 （他にも，年の途中で退職した人の一部や年の途中で海外等へ転勤し非居住者になった人なども入ります）	① 年末調整の対象者のうち年間給与総額が2,000万円超の人 ② 「給与所得者の扶養控除等（異動）申告書」を提出していない人（乙欄適用者*） ③ 年の途中で退職した人（一部の対象となる人を除く） ④ 災害により源泉税の猶予又は還付を受けた人 ⑤ 非居住者 ⑥ 日雇労働者（丙欄適用者*）

➢年末調整の具体的な流れ

年末調整の一般的な流れは以下の通りになります。

①　必要書類の配布・回収

ア　昨年末に記入してもらった「給与所得者の扶養控除等（異動）申告書」（現年度分）のコピー

イ　「給与所得者の扶養控除等（異動）申告書」（翌年度分）の白紙原本

ウ　「給与所得者の保険料控除申告書兼給与所得者の配偶者特別控除申告書」（現年度分）白紙原本

↓

アについては変更点がないかチェックしてもらい，変更がある場合には訂正します。

ウについては，保険料の控除等，該当事項に記入をします。

（イについては年明けに提出します）

そのときに記入のもととなった保険料の控除証明書，住宅ローン控除の証明書などを添付します。

このアとウをもとに年末調整を行います。

②　１年間の給与額と①で回収したア，ウより源泉所得税の再計算

その際，

・扶養が増えた

・保険料を支払っている

・住宅ローンがある

などの理由により年末調整を行った結果，すでに徴収されている税額よりも少ない税額となった場合には，所得税が還付になります。

これは，年末の最後に支払う給与または賞与で行うのが一般的です。

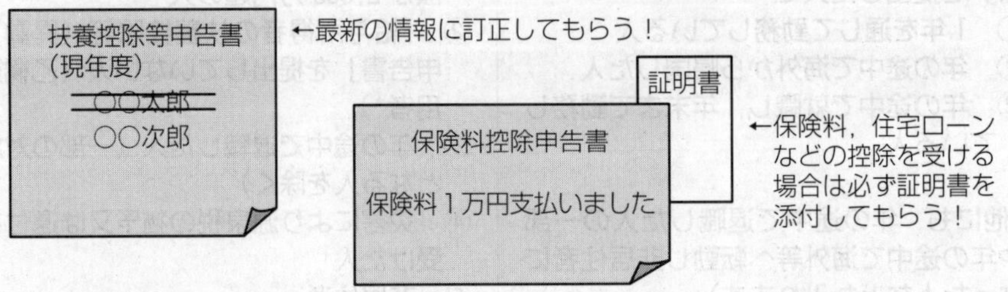
扶養控除等申告書
（現年度）
○○太郎
○○次郎
←最新の情報に訂正してもらう！
証明書
保険料控除申告書
保険料１万円支払いました
←保険料，住宅ローン
などの控除を受ける
場合は必ず証明書を
添付してもらう！

➢経理は何をすれば良いの？

年末調整の作業は基本的には給与部門の仕事です。

忙しいから手伝う…ということはあっても経理がメインで行う業務ではありません。

経理部門として行うのは，計算された給与データを仕訳するだけです。仕訳の仕方は先の「給与計算の仕組みを理解しよう」と全く同じです。

支給控除一覧表

ABC 商事
12 月分

	合計
基　本　給	4,125,840
職務手当	0
残業手当	5,890
通勤手当	24,500
課税通勤手当	0
健康保険料	61,350
介護保険料	7,995
厚生年金保険	132,562
雇用保険料	3,420
所　得　税	−10,582
住　民　税	125,623
総支給金額	4,156,230
控除合計額	320,368
差引支給額	3,835,862

（借方）			（貸方）		
	給与手当	4,131,730		現預金	3,835,862
	旅費交通費	24,500		預り金 −社会保険料	201,907
	預り金 −源泉所得税	10,582		預り金 −雇用保険料	3,420
				預り金 −住民税	125,623

➢年末調整後に行う手続き（参考）

年末調整が無事終わったら，すぐにお正月です。1月には税務署などに提出する書類が2つあります

①　法定調書合計表

1年間に誰にどれだけ給与，報酬，地代家賃などを支払ったかをとりまとめ，税務署に提出します。

書き方は税務署のパンフレットが参考になります。支払った金額の多寡によっては源泉徴収票などを添付しなければなりません。

②　償却資産税申告書

1月1日時点の償却資産（土地，建物，車両を除く減価償却を行う資産）を一覧にし，資産が存在する各市町村に提出します。

その資料をもとに各市町村では償却資産税という税金を計算し，納付書を4月～5月頃に送付します。

土地建物は固定資産税，自動車は自動車税という税金が課されますので機械や備品などその他の固定資産についても同じように税金が課されるのだと思ってください。

これも償却資産税の申告書に同封されるパンフレットを参照して作成して下さい。

STEP UP!

「乙欄適用者」「丙欄適用者」って？

給与から引かれる源泉所得税には，雇用形態によって差し引かれる源泉税の金額が違います。

これは，税務署が配布する源泉徴収税額表では「甲」「乙」「丙」と表されています。

「甲欄」……「給与所得者の扶養控除等（異動）申告書」を提出した人に適用される税額で，その会社をメインに働く人が該当します。

「乙欄」……「給与所得者の扶養控除等（異動）申告書」を提出しなかった人に適用されます。他の会社でメインに働く人などが該当します。

「丙欄」…… 日雇労働者にあたる人が該当します。

同じ給与であっても甲欄が一番税額が低く，乙，丙の順に高くなっていきます。これは税金の取り漏れを防ぐためです。

3

月次決算とは？
~日常業務から月次決算へ

20 月次決算

月次決算の目的を理解しよう！

月次決算とは，経営管理の目的で月々の業績の把握のために毎月行う決算のことをいいます。

経営者は日々変化していく経営環境のなかで会社の状況を把握しながら今後の方針や予算を決定していくものです。今日の絶えず変化する環境のなかでは年一回の決算ではその変化に対応しきれませんので，随時状況を把握することが必要です。そのため多くの会社では月次決算を行い，業績を毎月管理するようにしています。

さらには月次決算の数字を，前年度の実績と比較し，また予算との比較をすることにより経営判断のための分析資料の作成へとつながっていくのです。

昨年のこの時期との比較は…？
今月は
黒字？
or
赤字？
今年度の利益の見込みは…？

月次決算の目的は？

月次決算の目的は月々の業績を把握するということで第一に経営管理のためということになります。

その他月々の財政状態や収支を把握していくことは，実績としての数字を管理するだけでなく資金繰りに問題がある場合や，予算とのズレがある場合の早期発見に役立つとともにその改善策を早めに打つことができます。

年度末の決算は月次決算を合算したものといえますので，月次決算をきちんと行っている会社では年度末の決算対策を立てやすくなり，早期に着手することができるといったメリットがあります。

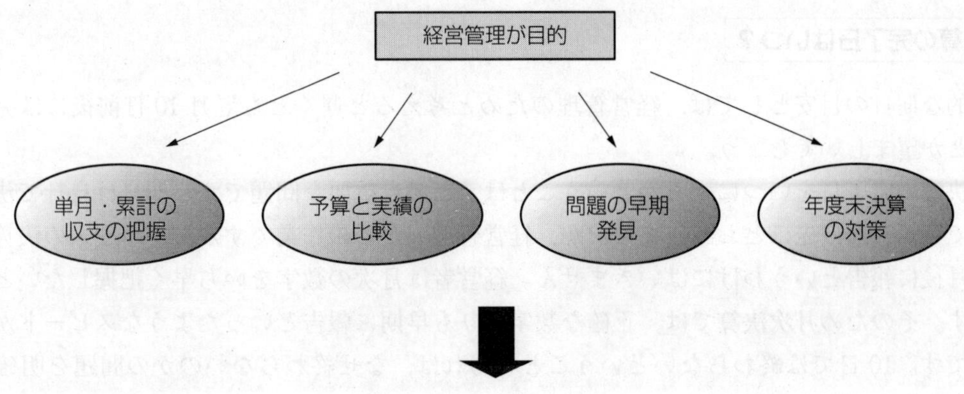

経営判断のための重要な資料

月次決算の締め方は？

月次決算は経営管理のために行うものですから，自分の会社で月次決算のルールを決定することができるのです。月次決算のルールを決定するとは，どんな作業をするのか，決算完了日をいつとするのか，計上基準はどうするのか，月次決算の報告書類はどれにするのかといったことを決めることです。

決算作業の大変さを知っているという方なら，毎月決算をするなんて考えられないと思う方がいらっしゃるかもしれません。ですが月次決算は年度末の決算とは異なり，会社法などの法律にもとづいて作成するものではありません。あくまでも経営管理の目的で行うものです。

月次決算の作業の流れ

① 現金，預金の残高を一致させる
↓
② 売掛金，買掛金を計上する
↓
③ 経費の未払計上をする
↓
④ 減価償却費を計上する
↓
⑤ 商品の棚卸をする
↓
⑥ 仮払金，仮受金を精算する
↓
⑦ 貸借対照表，損益計算書を作成する
↓
⑧ 予算対比表，実績推移表等を作成する

月次決算の完了日はいつ？

具体的な期日の目安としては，経営管理のためと考えると遅くとも翌月10日前後には完了しておくことが望ましいでしょう。

月次決算の完了日をいつにするかということは，とても重要な問題です。期日は自社で決定することができることは先ほどお話しましたが，経営管理のための作業ですから，年度末の決算のように2ヵ月後に報告というわけにはいきません。経営者は月次の数字をいち早く把握したいと考えるものです。そのため月次決算では，正確な数字よりも早期に報告といったようなスピードが重視されるのです。10日では終わらないということであれば，なぜ終わらないのかの問題を明確にして業務改善する必要があります。

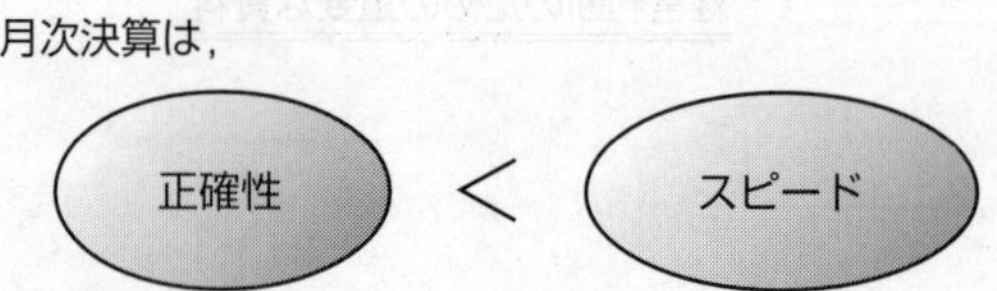

大勢に影響がない金額であれば，それにこだわるよりも1日でも早く完了することが重要

ワンポイントアドバイス

早期に月次決算を完了するために

① 取引発生後は，速やかに起票する。
② 関係部門との連絡はこまめにとる。
③ 社員全員に経費精算の期日を厳守させる。

月次決算の活用

月次決算の数字には今後の経営を左右する重要な数字が多く含まれています。そのため月次決算を締めることだけでは，本来の役割を果たしているとはいえません。

その後に行う経営会議のための報告書類を作成することが重要なのです。予算との比較書類や部門別，支店別の書類など業績の分析ができる資料を作成し，報告することができて初めて月次決算をする意味を成したということがいえるでしょう。

その他にも経営者のニーズに合わせた書類を作成し報告することにより，会社の重要な意思決定に大きな役割を果たすことになるのです。

- 予算対比表

科目名	○月実績	○月予算	増減額	予算対比(%)

- 実績推移表

科目名	当期累計実績	4月実績	5月実績	6月実績	7月実績	8月実績…

・部門別，支店別の表を作るとより細かく分析することができます。

・このような書類が会社の意思決定に大きな役割を果たすのです。

21 当たり前のようですが…現金，預金を合わせよう

キャッシュは嘘をつかない

現金・預金の残高管理は経理の最も基本的な仕事のひとつです。現金・預金はともに残高の確認を行いやすい項目であり，「キャッシュは嘘をつかない」というタイトルにあるように，手元にある現金の残高を変更したり，銀行に預けている預金の残高を変更させることは誰にもできません。

逆の言い方をすると，手元にある現金の残高が帳簿残高と合わない場合は，帳簿に誤りがあると考えられます。

また，手元現金の残高と帳簿残高に大きな差異があるような会社は，第三者の目には，ずさんな経理をしている会社と映るでしょう。

このように適正な決算を行うためだけではなく，内部牽制の観点からも現金・預金の残高管理は厳密に行うことが重要です。

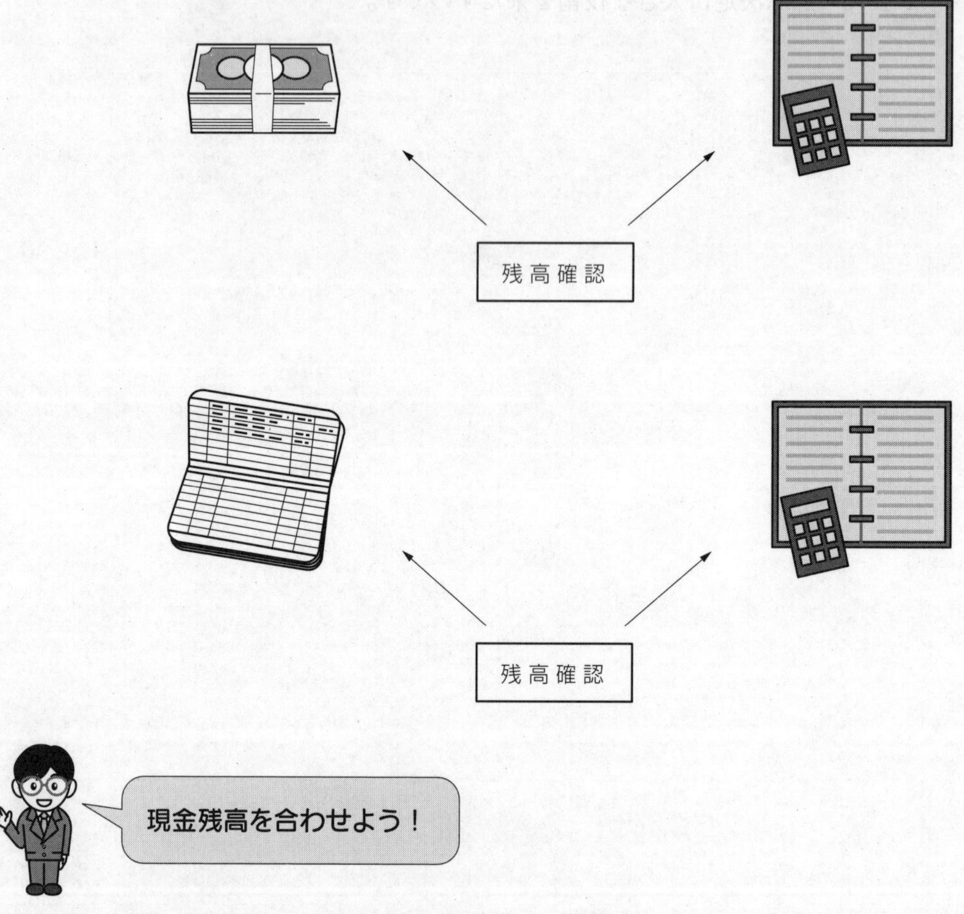

現金は，取引のつど帳簿への記載を行い，日々の業務の最後に手元現金の残高と照合することが必要です。照合の結果，手元現金の残高と帳簿の残高が一致しない場合には，必ず帳簿残高を手元

現金の残高に一致させなければなりません。残高を一致させるために一般的には「現金過不足」勘定を使いますが，この「現金過不足」勘定は，原因が不明の場合に一時的に使用する科目であり，原因がわかった場合には，そのつど適正な科目に振り替えます。

最終的に，原因が不明の場合は，以下のように「雑収入」若しくは「雑損失」として処理します。

手元現金残高（100） ＞ 帳簿残高（80）の場合

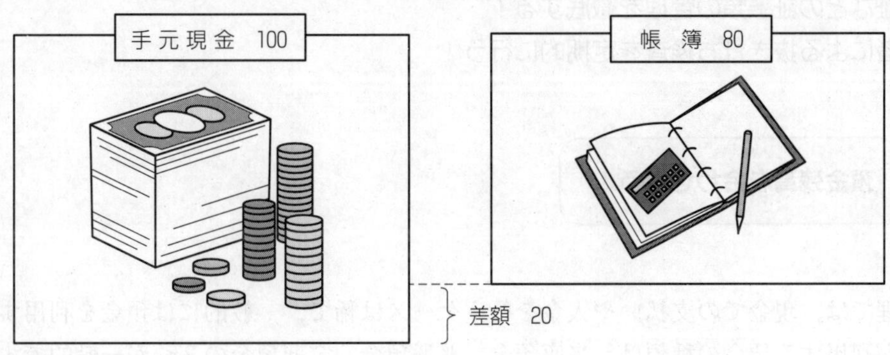

原因が不明な場合

（借方）	現　　金	20	（貸方）	現金過不足	20
	現金過不足	20		雑収入	20

手元現金残高（100） ＜ 帳簿残高（110）の場合

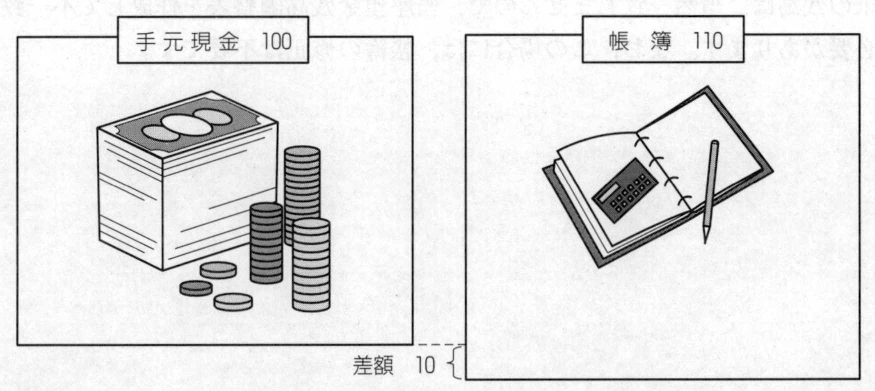

原因が不明な場合

（借方）	現金過不足	10	（貸方）	現　　金	10
	雑損失	10		現金過不足	10

また，現金には着服や横領といった不正行為，盗難や紛失の危険もつきまとうため，十分な内部牽制の仕組みを作ることが重要となります。これらの防止策としては，以下のようなものが考えられます。

・　出納業務担当者と記帳業務担当者を分ける！
・　担当者や上長の権限を明確にする！
・　過不足の発生時には原因を徹底究明する！
・　経費支払は小口現金制度を利用する！
・　領収証などの証憑類の管理を徹底する！
・　第三者による抜き打ち検査を定期的に行う！

預金残高を合わせよう！

会社の経理では，現金での支払いや入金を行うケースは稀で，一般的には預金を利用することになり，会社が利用する預金の種類は，当座預金，普通預金，定期預金の３つが一般的です。

預金も現金と同様に取引のつど帳簿への記載を行い，日々帳簿の残高と通帳や当座勘定照合表の残高との照合を行います。

残高が不一致となった場合には，記帳漏れがないかチェックを行うことになりますが，当座預金については特に注意が必要です。

当座預金は，小切手を振り出したときに帳簿上は出金の処理をしますが，銀行では，小切手を受け取った相手が小切手を持ち込んで初めて出金の扱いとなります。したがって，月末に振り出した小切手については，翌月になって銀行の残高から落ちるというケースが多々あります。こうした場合，両者の月末の残高は，当然一致しませんので，当座預金残高調整表を作成して不一致の原因を明記しておく必要があります。なお，この場合には，帳簿の修正は不要です。

22 経過勘定ってなに？

みなさんのような経理担当者にとっては仕訳（複式簿記）を通じて決算報告書を作ることが最終目的になります。つまり貸借対照表と損益計算書の作成です。

貸借対照表は「期末の財産の有高の報告」となり，

損益計算書は「企業の当期１年間の損益の報告」となります。

ここでのポイントは，損益計算書は「当期の」損益報告だということです。

つまり，みなさんが仕訳している損益の勘定科目（売上や仕入）は当期分のみを集計し，翌年には繰り越さないことになります。繰り越すと来期の損益計算書にも計上されてしまい，損益計算書がおかしなものになってしまいます。

さらにもうひとつのポイントは，損益は「発生主義」で認識する，ということです。

発生主義というのは，損益を商品の受け渡し時やサービスの提供時に認識することをいいます。

たとえば掛で商品を販売した場合には，入金が翌期になろうとも実際に納品した期に売上を計上します。

では，ここに一枚の請求書があります。

『○○商会　10,000円　通信費（3月分）支払期日　4月30日』

あなたの会社の決算日が3月31日だとしたら，あなたはどうしますか？

翌期の4月に支払うから当期は無視しますか？そういう訳にはいきません。

先程の発生主義によると，3月中に納品やサービスを受けたものはすべて当期の損益にしなければなりません。

そこで以下の仕訳を行います。

（借方）通　信　費　10,000	（貸方）未払費用　10,000

↑

このような勘定科目を経過勘定といいます

経過勘定とは，当期に支払いをしたもので，翌期の費用に該当するものや，当期に入金があったもので，翌期の収益に該当するものなど，期間のずれを調整するために使用する科目のことをいいます。

➤経過勘定を使うと……

経過勘定を使用する場合としない場合とでは以下のように違いが出てしまいます。

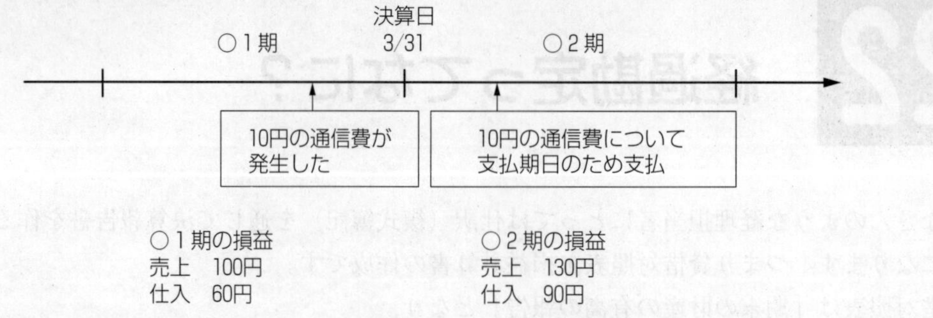

・適正に処理をしなかった場合

決算日：「仕訳なし」

支払日：（借方）通 信 費 10（貸方）現 預 金 10

⇒　当期の通信費が，翌期の損益計算書に計上されている!!!

適正な利益の報告ができない!!!!

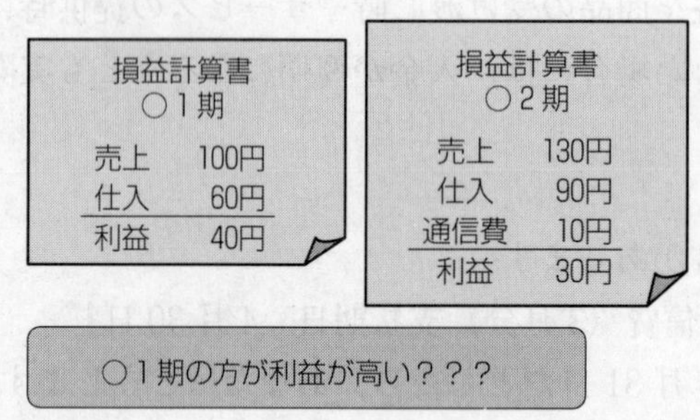

損益計算書
○１期
売上　100円
仕入　60円
利益　40円
損益計算書
○２期
売上　130円
仕入　90円
通信費　10円
利益　30円
○１期の方が利益が高い？？？

・適正に処理をした場合

決算日：（借方）通 信 費 10（貸方）未払費用 10

支払日：（借方）未払費用 10（貸方）現 預 金 10

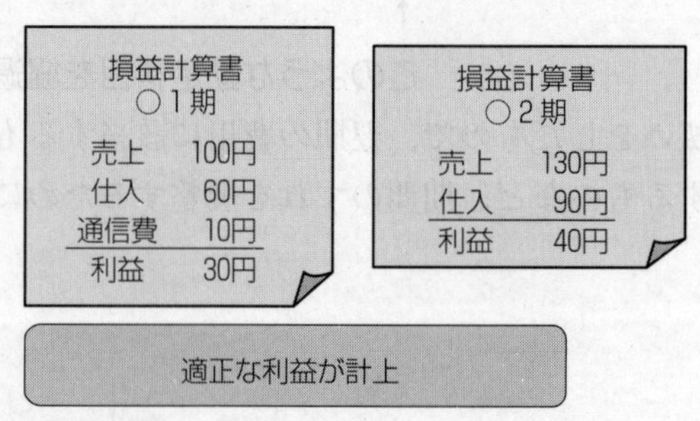

損益計算書
○１期
売上　100円
仕入　60円
通信費　10円
利益　30円
損益計算書
○２期
売上　130円
仕入　90円
利益　40円
適正な利益が計上

➤経過勘定にはどんなものがあるのか？

経過勘定とは以下の勘定科目をいいます。

・未払費用（負債科目）→当期の費用であるが，当期末時点では未払の経費のこと

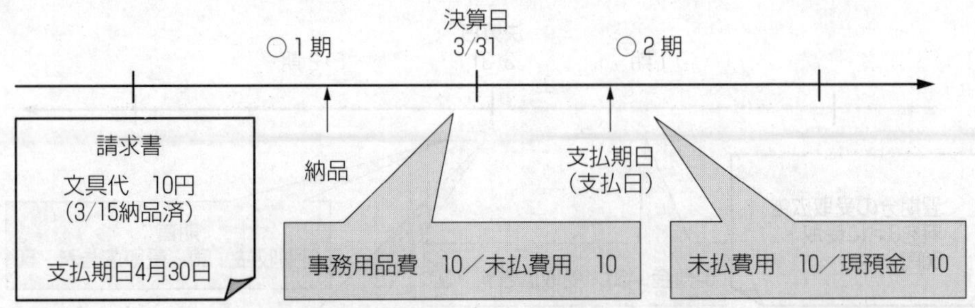

・未収収益（資産科目）→当期の収益であるが，当期末時点では未収の収益のこと

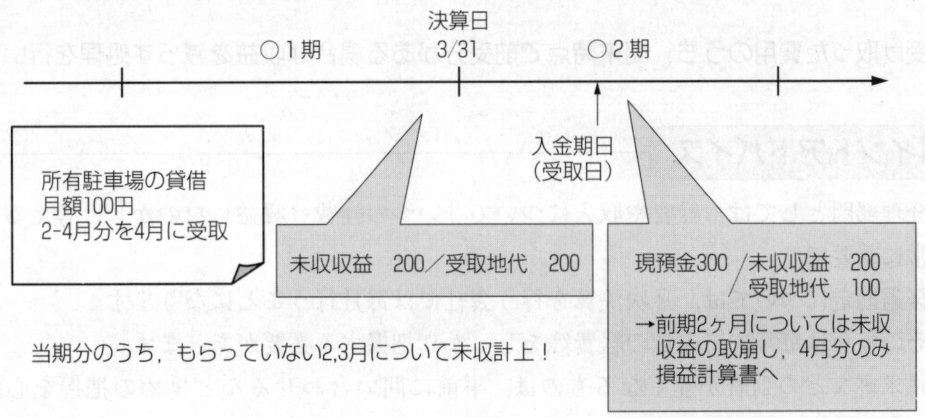

・前払費用（資産科目）→翌期の費用であるが，前払した経費のこと

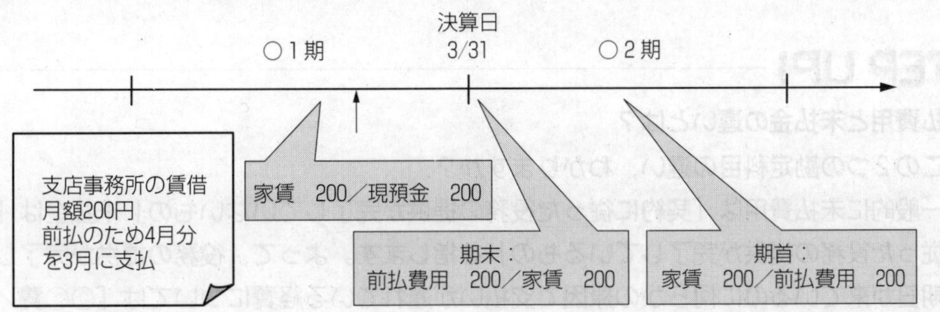

すでに支払った費用のうち，期末時点で前払分がある場合は費用を減らす処理を行います。

・前受収益（負債科目）→翌期の収益であるが，前期に受け取った収益のこと

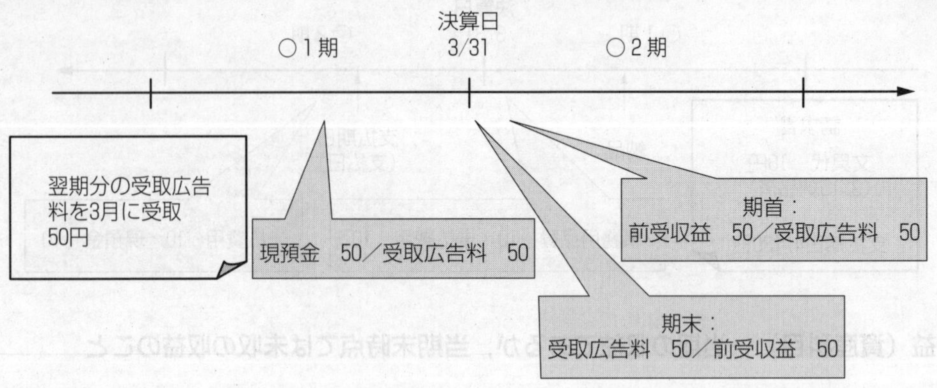

すでに受け取った費用のうち，期末時点で前受分がある場合は収益を減らす処理を行います。

ワンポイントアドバイス

経理部門としては，経費や収入について「いつの経費（収益）なのか」と考えることが非常に重要です。

経過勘定については，月次決算を行う会社では毎月行うことになります。

その場合は毎月末に未払の経費等をしっかり把握する必要があります。

請求書などの到着が遅くなるものは，事前に問い合わせるなど早めの把握を心掛けましょう。

STEP UP!

◆未払費用と未払金の違いとは？

この２つの勘定科目の違い，わかりますか？

一般的に未払費用は「契約に従った役務の提供が完了していないもの」未払金は「契約に従った役務の提供が完了しているもの」を指します。よって，役務の提供が完了し，支払期日が来ているのに何らかの原因で支払いが遅れている経費については「○○費／未払金」とします。

未収収益と未収金についても考え方は同じになります。

23 売上（売掛金）…日常業務から月次決算へ

日常業務にて売上の計上や売掛金の回収を行い，月次決算にて月末までの売上金額・売掛金残高を確定させます。

売上の計上から売掛金回収の流れを把握するためにまずは売上にまつわる業務全体の流れを把握します。

① 売上の発生

商品の販売やサービスの提供	得意先より発注等を受けて，実際に商品やサービスの提供を行います。

↓

② 売上の計上

請求書の作成・送付	実際のモノの動きから，売上の計上と請求書の送付を行います。

↓

（借方）売　掛　金　××　（貸方）売　　上　××

③ 売掛金入金

入金確認（入金消込）	得意先からの入金を確認して，どの売掛金の入金か対応させて売掛金を消し込み，売掛金残高を把握します。

↓

（借方）現　預　金　××　（貸方）売　掛　金　××

ワンポイントアドバイス

経理の仕事は「売上の計上」と「売掛金管理」が重要です。

売掛金ってなに？

通常企業間の取引であれば，末締め・末払いなど各社の請求や支払いのサイトが決まっています。

売上代金についてもその場で即時に決済されることはあまりありません。ここでいったん「売掛金」という科目で債権として計上されます。即時現金で売り上げたものついては，もちろん売掛金計上の必要はありません。

売上の計上

売上の発生という事実を受けて，売上の計上を行います。

（売上の発生）

（売上の計上）

仕訳伝票入力・請求書発送

ここでのポイントは，売上計上のタイミング。
原則は，商品販売であれば商品を得意先に引き渡したとき（引渡基準）。
サービスの提供であればサービスが完了したとき（完了基準）です。

売上発生　2月10日　A社に商品甲を105,000円（税込）で販売。

2月10日	（借方）	売掛金	105,000	（貸方）	売　上	100,000
					仮受消費税	5,000

伝票の起票後，補助簿へも記帳します。

売　上　帳
（売上の明細が記帳される補助簿）

日付	得意先名・商品	借方	貸方	残高合計
2月 5日	Z社・甲商品		50,000	50,000
2月10日	A社・甲商品		100,000	150,000

得意先元帳
（得意先ごとの売掛金が記帳される補助簿）

A社

日付	商　品	借方	貸方	残高合計
2月10日	甲商品	105,000		105,000

この他，返品や値引きなどが発生した場合も同様に計上します。

請求書発送

締日に応じて請求書を発送します。
請求書発送のタイミングは各社さまざまです。
（納品の都度請求書発送，20日締めで請求書発送など）

これで売上計上の流れは終了です。

売掛金管理

得意先からの入金をもとに売掛金を消しこみ，各得意先ごとに売掛金残高を把握します。

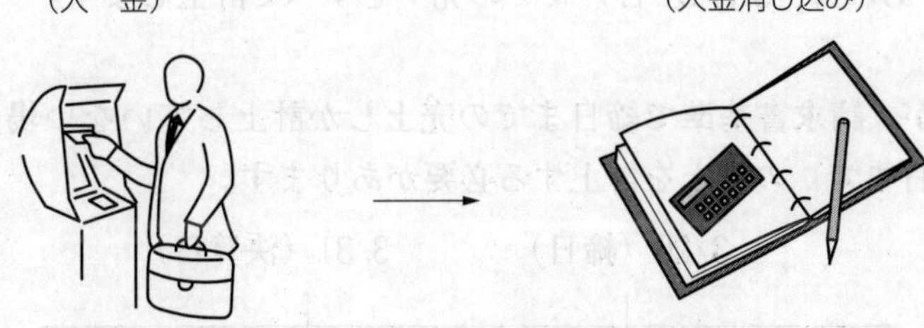

得意先ごとに売掛金を消し込み。

※　消し込みとは，取引の発生（売上もしくは仕入等）と入金もしくは支払いの対応がとれているかどうかをつけ合わせる作業をいいます。

得意先から入金があった場合，その入金がどの得意先のどの売上なのかを対応させて売掛金を消し込み，得意先ごとの売掛金残高を確定させます。

預金口座　4/30　A社入金　157,500円

（借方）現　預　金　157,500	（貸方）売　掛　金　157,500

得意先元帳

A社

日付	商　品	借方	貸方	残高合計
2月10日	甲商品	105,000		￥105,000
2月15日	甲商品	52,500		￥157,500
	2月合計	157,500		￥157,500
4月30日	預金入金		157,500	

この対応を確認するのが重要です。

2月の売上合計（157,500円）と4月の入金（157,500円）を確認します。

→　消し込みOK

対応が確認できない場合は，その原因を究明します。

考えられる原因としては，

・締日付近での計上もれ
・値引きや返品の計上もれ
・振込手数料の控除
・単純な入金まちがい　　など

ここでの確認及び関係部署や得意先への連絡を迅速に対応するのが経理の腕の見せ所です。

決算締作業

決算日における売上・売掛金を確定します。

①　売上の確定

決算日（3月決算であれば，3月31日）までの売上をすべて計上します。

※　注意

月次の売上計上が，請求書基準で締日までの売上しか計上していない場合，締後（20日締であれば，21日～末日まで）の売上を計上する必要があります。

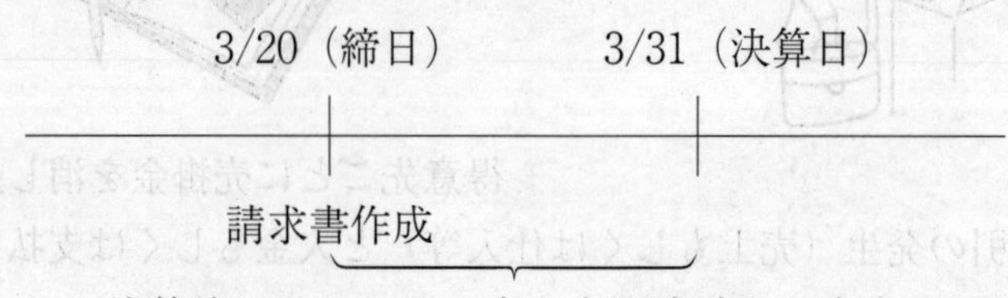

②　売掛金の確定

月次において消し込んでいる売掛金について精査し，各得意先ごとの売掛金を確定させます。得意先ごとの売掛金残高の合計が，会社全体の売掛金残高となるようにします。

得意先元帳上の各得意先残高

A社　　100,000円

B社　　150,000円

C社　　200,000円

…

合計　1,000,000円

貸借対照表

…	…
売掛金　1,000,000	
…	

一致させます

24 仕入（買掛金）…日常業務から月次決算へ

仕入（買掛金）を締めよう！

日常業務にて仕入の計上や買掛金の支払いを行い，月次決算にて月末までの仕入金額・買掛金残高を確定させます。

仕入の計上から買掛金額支払いの流れを把握するために，まずは仕入れにまつわる業務全体の流れを把握します。

① 仕入の発生

商品の販売やサービスの提供	仕入先に発注等を行い，実際に商品やサービスの提供を受けます。

↓

② 仕入の計上

納品書等の受領	ここからが経理の仕事となります。実際のモノの動きから，仕入及び買掛金の計上を行います。

↓ （借方）仕　　入　××　（貸方）買　掛　金　××

③ 買掛金支払い

支払処理（買掛金消込）	仕入先へ各支払条件により支払いを行い，どの買掛金の支払いか対応させて買掛金を消し込み，買掛金残高を把握します。

↓ （借方）買　掛　金　××　（貸方）現　預　金　××

ワンポイントアドバイス

経理の仕事は「仕入の計上」と「買掛金管理」が重要です。

支払条件とは？

企業ではそれぞれ支払条件（支払サイト）を決めて取引を行っています。

たとえば，末締め・翌末払いです。この場合，その月の月末まで仕入れたものまたはその月分の請求書分について，翌月末に支払いを行います。

仕入の計上

仕入の発生という事実を受けて，仕入の計上を行います。

仕訳伝票入力・納品書や請求書の受領

仕入計上のタイミングは，売上の反対と考えればわかりやすいです。

原則は，商品等モノの仕入であれば商品を仕入先から納品されたとき。

サービスの提供であればサービスの提供が完了したときです。

2月10日　A社から商品甲を105,000円（税込）で仕入れた場合の仕訳は以下のようになります。

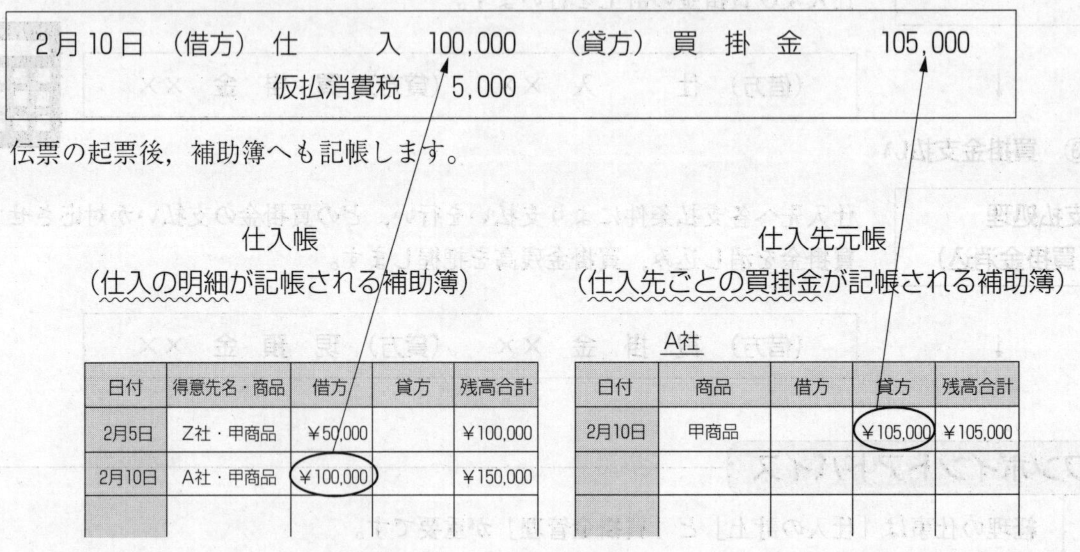

2月10日	(借方)	仕　入	100,000	(貸方)	買 掛 金	105,000
		仮払消費税	5,000			

伝票の起票後，補助簿へも記帳します。

仕入帳
（仕入の明細が記帳される補助簿）

日付	得意先名・商品	借方	貸方	残高合計
2月5日	Z社・甲商品	￥50,000		￥100,000
2月10日	A社・甲商品	￥100,000		￥150,000

仕入先元帳
（仕入先ごとの買掛金が記帳される補助簿）

A社

日付	商品	借方	貸方	残高合計
2月10日	甲商品		￥105,000	￥105,000

この他，返品や値引きなどについても同様に計上します。

納品書・請求書受領

仕入先各社の請求のタイミングに応じて納品書・請求書を受領します。納品書は納品の都度，請求書は納品の都度か月末等の締めに応じてまとめて送付されてくるのが一般的です。以上で，仕入計上の流れは終了となります。

買掛金管理

仕入先へ支払いを行い，買掛金の消し込み，各仕入先ごとに買掛金残高を把握します。

（支払い）

→

（買掛金消し込み）

仕入先ごとに買掛金を消し込みます。

処理の流れは，

① 支払条件に応じて支払いを行います。

② 支払いを伝票に起票して，買掛金を消し込みます。

（借方） 買 掛 金 ×× （貸方） 現 預 金 ××

③ 買掛金残高を確定します。

仕入先元帳

A 社

日付	商 品	借方	貸方	残高合計
…	…	…	…	…
2月10日	甲商品		¥105,000	¥315,000
2月15日	甲商品		¥52,500	¥367,500
2月28日	預金支払	¥210,000		¥157,500
	2月合計	¥210,000	②¥157,500	
3月 5日	甲商品		¥84,000	¥241,500
3月31日	預金支払	①¥157,500		¥84,000 ③
	3月合計	¥157,500	¥84,000	
…	…	…	…	…

（設例） 支払条件 月末締・翌月末払い

① 前月仕入（157,500）について当月支払いを行います。

② 前月（2月）の仕入金額と一致していることを確認（消し込み）。

③ 当月買掛金残高（84,000）が，当月仕入金額と一致していることを確認して買掛金残高確認 OK。

自社の支払条件に応じて，適正に支払いを行うのが経理としては大事な仕事。それには日々の仕入計上，買掛金管理がモノをいいます。

決算締作業

決算日における仕入・買掛金を確定します。

①　仕入の確定

決算日（3月決算であれば，3月31日）までの仕入をすべて計上します。

※　月次の仕入計上が，請求書基準で締日までの仕入しか計上していない場合，締後（20日締であれば，21日～末日まで）の仕入を計上する必要があります。

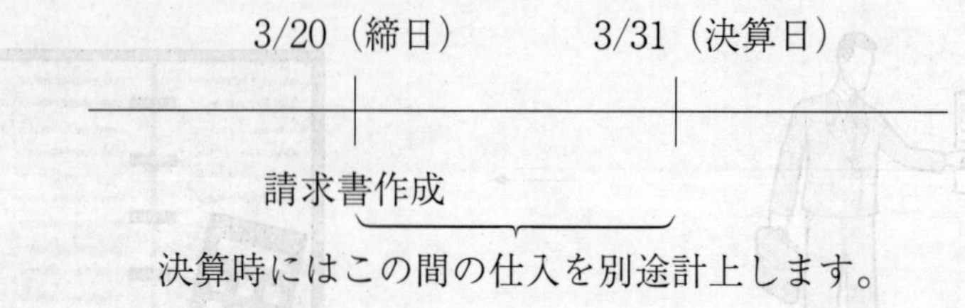

②　買掛金の確定

月次において消し込んでいる買掛金について精査し，各仕入先ごとの買掛金を確定させます。仕入先ごとの買掛金残高の合計が，会社全体の買掛金残高となるようにします。

仕入先元帳からの各仕入先残高

A社　　100,000円
B社　　150,000円
C社　　200,000円
…
合計　1,000,000円

貸借対照表

…	…
	買掛金　1,000,000

一致しているか確認します。

25 販管費・一般管理費（未払金）…日常業務から月次決算へ

販売費及び一般管理費（未払金）を締めよう！

ここでは費用の計上及びこれに対応する未払金の管理をみていきます。費用の計上から未払金の支払までの流れを説明します。

① 取引の発生

商品の購入やサービスの受領	各部門でモノやサービスの購入を行います。

↓

② 経費の計上

請求書や領収書の受領	ここからが経理の仕事となります。実際のモノの動きから，経費の計上を行います。

↓

（借方）～　　費　××　（貸方）未 払 金　××

③ 未払金支払い

支払処理（未払金消し込み）	仕入先へ各支払条件により支払いを行い，どの未払金の支払いか対応させて未払金を消し込み，未払金残高を把握します。

↓

（借方）未 払 金　××　（貸方）現 預 金　××

経費の計上

実際の取引の発生から，経費計上の伝票起票を行います。

ワンポイントアドバイス

経費計上のポイントは，①計上タイミング，②勘定科目の選定，③消費税処理です。

① 計上タイミング

原則として，売上や仕入と同様にモノやサービスを受け取ったときが計上のタイミングとなります。

現金にて購入 （領収書等から計上）した場合	（借方）～　　費　××　（貸方）現　　金　××
掛にて購入（請求書や納品書から計上）した場合	（借方）～　　費　××　（貸方）未 払 金　××

②　勘定科目の選定

さて，領収書や請求書がまわってきて伝票を起票することになると，次に気をつけなければならないのが，勘定科目です。前期との比較や，支出状況の検討をするために，適正な科目で処理することが重要になります。これまでの伝票を参考に，適正な科目に計上しましょう。

③　消費税処理

計上する上で最後に気をつけなければならないのが，消費税です。科目によっては消費税がかかるのか，かからないのかを確認する必要があります。

未払金管理

仕入での買掛金同様に計上した未払金について支払いを行い，未払金管理を行います。

ここでは，一般的なERPシステムによる未払金計上から支払いまでの流れをみていきます。

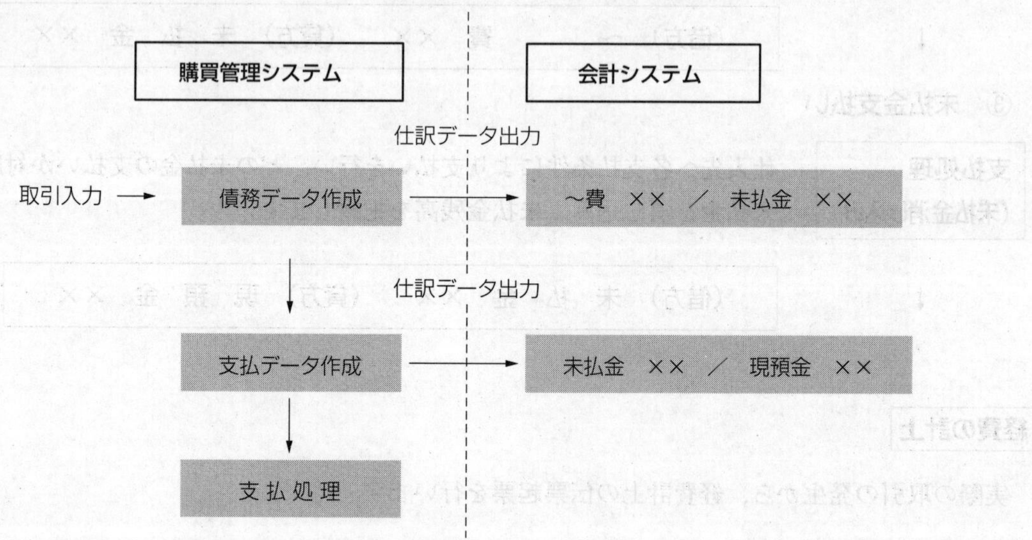

購買管理システムに，請求書や納品書から取引を入力することにより，支払いから会計への仕訳伝票入力まで一貫して行うことができるのがERPシステムです。

ERPシステムとは？

企業における，製造・販売・流通・会計等のさまざまな業務を統合させるシステムのことをいいます。これまでは各業務が別々のシステム及びデータベースで管理されていたものを１つに統合させることにより，データの整合性や２重入力の回避を図ることができるようになります。

決算締作業

決算日における経費・未払金を確定します。

①　経費の確定

決算日（３月決算であれば，３月31日）までの経費をすべて計上します。

売上・仕入同様に締め後に発生した経費に注意する必要があります。

また，次の項目で説明しますが，前払費用等の経過勘定の計上も必要です。

②　未払金の確定

月次において消し込んでいる未払金について精査し，各仕入先ごとの未払金を確定させます。仕入先ごとの未払金残高の合計が，会社全体の未払金残高となるようにするのは，買掛金と同様です。

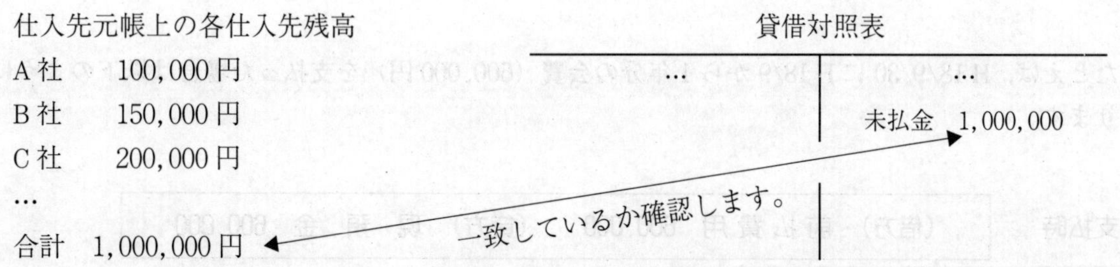

26 前払費用・未払費用…日常業務から月次決算へ

前払費用・未払費用を理解しよう！

ここでは費用関係の経過勘定である前払費用，未払費用についてみていきます。

3月末日が決算日という前提で説明します。

前払費用とは？

翌期以降の費用で当期に支払ったものです。

たとえば，H 18/9/30 に H 18/9 から 1 年分の会費（600,000 円）を支払った場合は以下のようになります。

支払時	（借方）	前払費用	600,000	（貸方）	現預金	600,000
取崩時	（借方）	諸会費	50,000	（貸方）	前払費用	50,000

よって決算では，前払費用の残高は 5 カ月分・250,000 円となります。

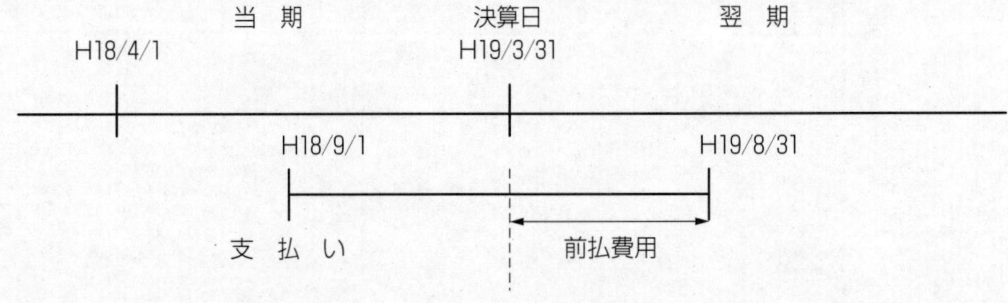

未払費用とは？

当期の費用で翌期以降に支払うものです。

たとえば，給料が 20 日締・25 日払いの場合，21 日～末日までの分を未払計上します。

（借方）給　　料　××	（貸方）未払費用　××

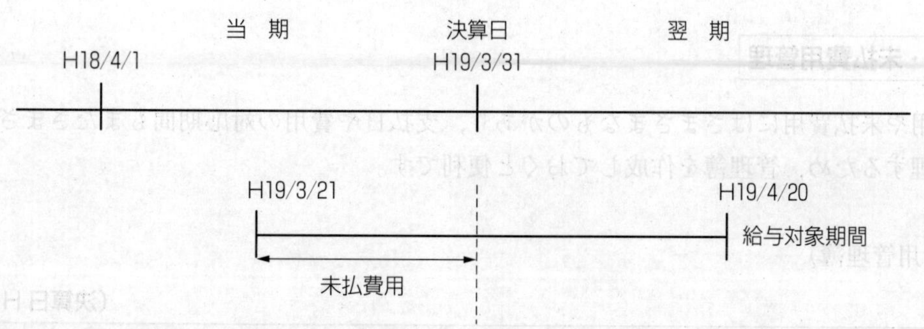

上記の場合で給料総額が3,100,000の場合は以下のようになります。

3,100,000÷31日×11日（3/21～3/31）＝1,100,000

前払費用・未払費用の計上

会計の基本は，期間損益の正確な把握です。

その期間に発生している費用はすべて計上するのが原則です。その期間の分で未払いとなっているものは未払費用として計上し，翌期以降の分を前払いしているものは前払費用に計上しなくてはなりません。

日頃から伝票起票の際に，それぞれの費用の期間対応を意識することがポイントです。また会社により，計上方法・計上基準が定められているため，自分の会社がどういった方法・基準で計上しているか確かめましょう。

前払費用でよく出てくるもの	未払費用でよく出てくるもの
賃借料 諸会費 保険料 保守料 広告宣伝費　など	給料 法定福利費　など

たとえば，H 18/10/1に保険料1年分（H 18/10～H 19/9まで）360,000円を支払った場合は以下のようになります。

支払時　H 18/10/1	（借方）前払費用　360,000	（貸方）現 預 金　360,000
決算時（3月末）	（借方）保 険 料　180,000	（貸方）前払費用　180,000

計算：基本は月数按分で

360,000円×6ヶ月(当期対応期間H 18/10–H 19/3)/12ヶ月(支払期間)＝180,000円

前払費用・未払費用管理

前払費用や未払費用にはさまざまなものがあり，支払日や費用の対応期間もまたさまざまです。これを管理するため，管理簿を作成しておくと便利です。

（前払費用管理簿）

（決算日Ｈ19.3.31）

支払先	内容	支払日	支払金額	開始日	終了日	期首残高	当期償却額	期末残高
Ａ社	保守料	Ｈ18. 9. 1	240,000	Ｈ18. 9. 1	Ｈ19. 8.31	0	140,000	100,000
Ｂ社	保険料	Ｈ18.10.13	360,000	Ｈ18.10.1	Ｈ19. 9.30	0	180,000	180,000
合計								1,100,000

この管理簿をもとに，月次（または年次）の償却額及び残高を計算して，仕訳伝票を起票します。

支払時	（借方）前払費用　××　（貸方）現　預　金　××
償却時	（借方）～保守費　××　（貸方）前払費用　××

消費税はいつ認識するの？

前払費用の場合，費用化する期間にわたって役務の提供等を受けることになると考えられるため，原則として消費税も費用化するたびに認識することとなります。つまり，前払費用を計上する段階では税込みで計上し，償却する段階で仮払消費税を計上することになります。

決算締作業

決算日における前払費用・未払費用等の経過勘定の残高を確定します。

①　**経費の振替**

決算日（3月決算であれば，3月31日）までの分について，前払費用・未払費用を振り替えます。各取引内容について，期間対応が適正かどうかを精査します。

②　**前払費用・未払費用の確定**

決算日現在の前払費用・未払費用の残高を確定させます。管理簿や内訳書を作成して，各取引先ごとに残高の合計を貸借対照表の残高と一致させます。

貸借対照表

借方	貸方
…	…
前払費用　1,000,000	
…	一致しているか確認します

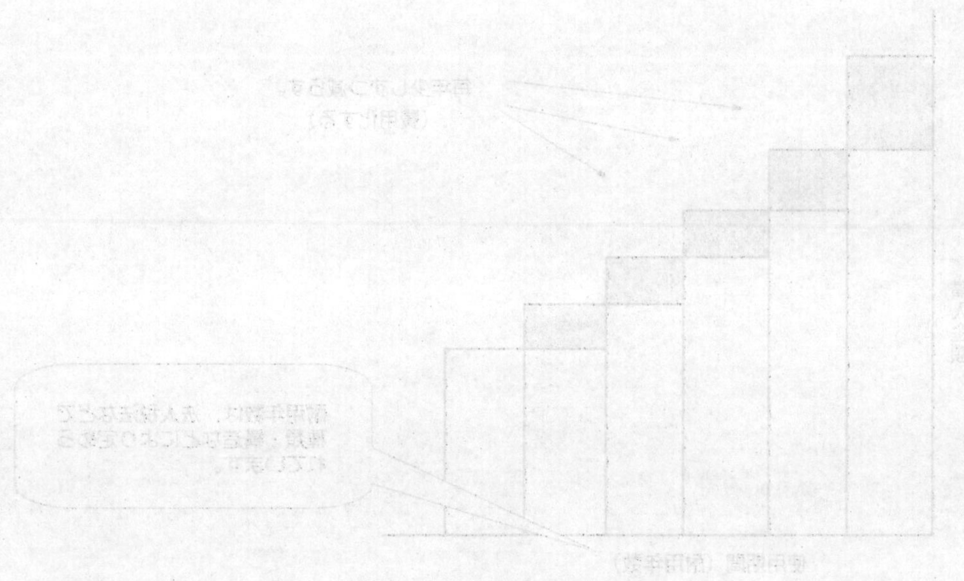

27 固定資産・減価償却

決算では，ここだけはチェックしよう！

減価償却とは？

投資金額を使用期間に配分することをいいます。

建物，備品などの購入金額は購入時に全額費用となるわけではありません。その資産の使用可能期間の全期間にわたり，毎年の使用等による価値の減少分をその期の費用として考えます。この投資金額を使用期間に配分する手続きを減価償却といいます。

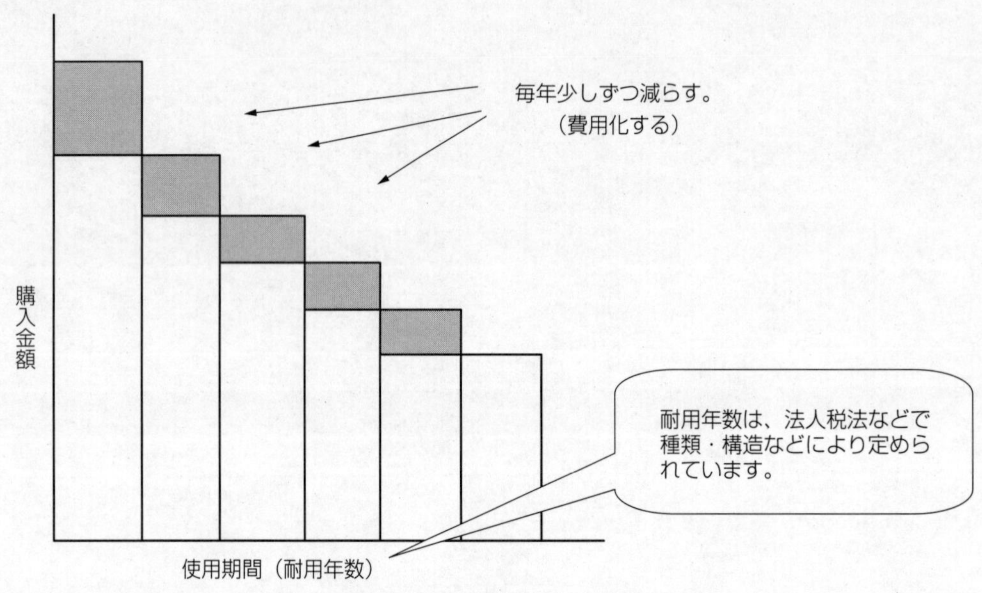

毎年少しずつ減らす。
（費用化する）
購入金額
耐用年数は、法人税法などで種類・構造などにより定められています。
使用期間（耐用年数）

償却の計算方法は何通りかの方法があり，主なものとしては下記の2つになります。

・定額法…取得価額から残存価額を控除した額に一定割合を乗じた金額を減価償却費として費用化する方法

・定率法…帳簿価額に一定割合を乗じた金額を減価償却費として費用化する方法

※　平成19年度税制改正では，残存価額の廃止が行われるため，残存価額を控除する必要がなくなります。具体的には定額法の計算は，取得価額×定額法償却率になります。

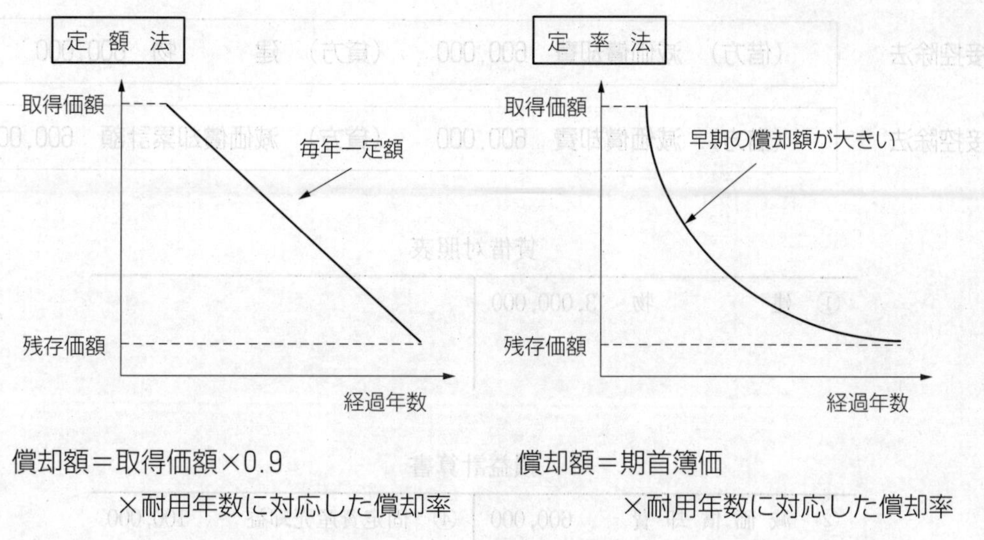

償却額＝取得価額×0.9
×耐用年数に対応した償却率

償却額＝期首簿価
×耐用年数に対応した償却率

定額法と定率法でそれぞれ計算してみると

購入金額　1,000円　耐用年数50年の場合

定額法＝1,000×0.9×0.02＝18
定率法＝1,000×0.045＝45

固定資産の管理方法

固定資産を購入したら，下記のような管理台帳を作成し，当期の償却額を算出します。

固定資産台帳

名　称	期首簿価	増　加	除　却	売　却	減価償却費	期末簿価	償却累計額
A 建 物	50,000			50,000			
建 物 計			70,000		600,000	3,000,000	
			③		②	①	

期中に売却が生じた場合一致しているか確認します。

売却明細

名　称	売却金額	簿　価	売却損益
A 建 物		50,000	
合　計			100,000
			④

売却明細を作成しておくと決算などで役に立ちます。

上記の場合，減価償却費の仕訳は以下のようになります。

直接控除法　（借方）減価償却費　600,000　（貸方）建　　物　600,000

間接控除法　（借方）減価償却費　600,000　（貸方）減価償却累計額　600,000

貸借対照表

① 建　　物　3,000,000	

損益計算書

② 減価償却費　600,000	④ 固定資産売却益　100,000
③ 固定資産除却損　70,000	

※　直接控除法で行った場合

STEP UP!

① 中古資産を取得した場合には，耐用年数の設定方法が変わります。

② 事業年度が１年に満たない場合には，耐用年数（償却率）を改定します。

③ 事業年度の途中で取得した資産の減価償却費は，使用を開始した月からの月数按分になります。

4

決算はむずかしくない！

～月次から決算へ

28 決算は段取りが勝負！短期間で決算ができる仕組み

決算とは，決算日までの１年間の会社の業績を計算することをいい，経理部門にとって最も重要な仕事のひとつです。

１年間の取引の集大成ということで，当然，仕事量も多くなりますし，外部に対する成績発表という側面も併せ持つため，間違いは絶対に許されません。決算時期に突入して慌てないように，まずは決算のおおまかな全体像を把握することが重要です。

決算準備
・決算方針，スケジュールの策定
・関係者への方針，スケジュールの周知

↓

決算手続き
・売上高，原価の確定
・仮勘定の整理
・経過勘定の確認
・減価償却費，引当金の計上
・税額の計算

↓

利益確定
・決算書の作成
・株主総会
・税務申告

ワンポイントアドバイス

◆作業をスピードアップさせるために

決算を行う上では，法律上の期限が定められており，正確性はもちろんのこと，スピードも求められます。ここで最も重要なことは，決算は経理部単独ではできないということです。社内の関係部門，社外の取引先に対しても協力を仰がなくては，決算作業は進みません。短期間で決算を完成させるには，関係者にスムーズに協力してもらえるよう，事前の段取りが勝負になるといえます。

ここでは，関係者の協力を仰がなければならない事項について，見ていきます。

①　売上高，仕入高の確定

適正な基準に従って売上及び仕入が計上されているかを確認するとともに，正確性を確認するため，取引先に対して残高確認書を送付して，相手先との相互確認をするケースもあります。

なお，残高確認は会計監査人が行う場合もあります。

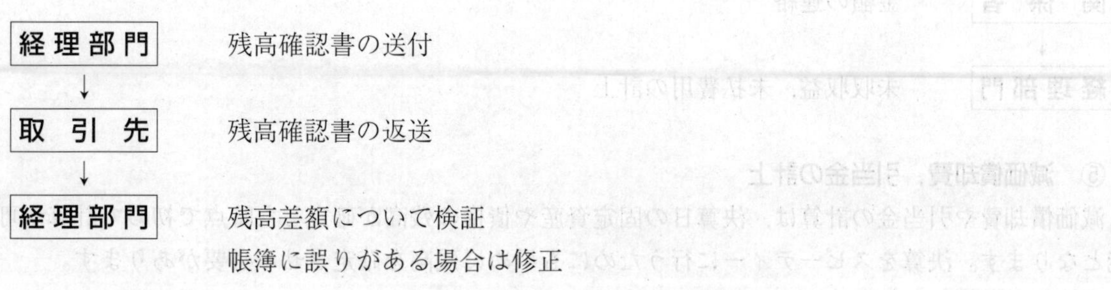

②　売上原価の確定

棚卸資産を所有する会社については，決算日において実地棚卸を行い，数量の差異を減耗損，不良在庫について評価損を計上し，売上原価を確定させる必要があります。

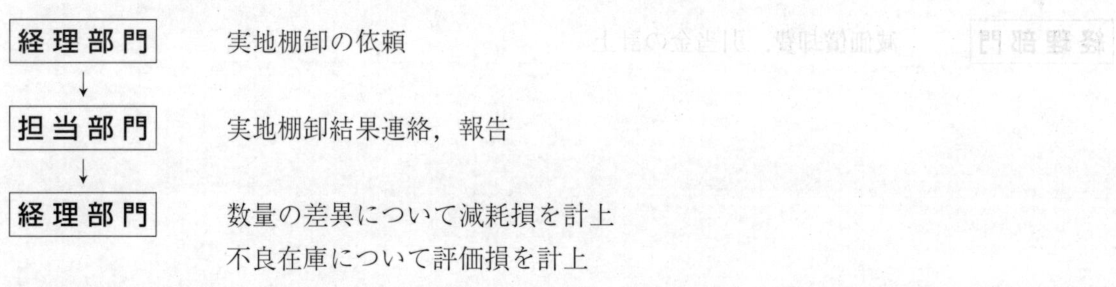

③　仮勘定の整理

決算日において仮払金や仮受金のまま精算が未了となっている科目については，内容を再度精査するとともに関係者に問い合わせを行い，適正な科目に振り替える必要があります。

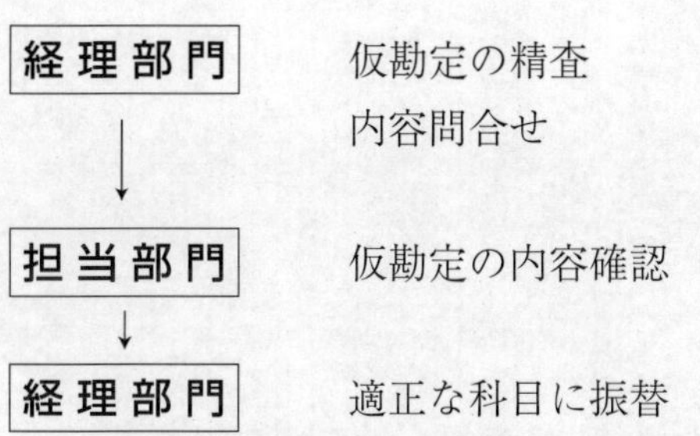

仮勘定の精査
内容問合せ

仮勘定の内容確認

適正な科目に振替

④　経過勘定の確認

決算でより正確な利益を計算するためには，経過勘定（未収収益と前受収益，前払費用と未払費用）を計上する必要があります。前受収益と前払費用については，すでに入出金がされていますので，決算前に処理が可能ですが，未収収益と未払費用については，入出金がなされていないため，早めに計上額を確認することが必要です。

経理部門　未収収益，未払費用の金額確認
↓
関係者　金額の連絡
↓
経理部門　未収収益，未払費用の計上

⑤　減価償却費，引当金の計上

減価償却費や引当金の計算は，決算日の固定資産や債権の残高が確定した時点で初めて計算が可能となります。決算をスピーディーに行うためにも早めに残高を確定させる必要があります。

経理部門　固定資産の現物確認，債権等の残高・状況確認依頼
↓
担当部門　固定資産の状況，債権等の残高・状況連絡
↓
経理部門　減価償却費，引当金の計上

29 決算は月次決算プラスαで完成する

決算は誰のために行うのでしょう？

月次決算については，その目的が経営管理のため，すなわち社内の報告用としての役割を果たしていたのに対して，決算は，経営管理のために必要であることはもちろんのこと，会社法，金融商品取引法，法人税法，消費税法…etc といった各種の法律に基づいた外部への報告用といった意味合いが強いといえます。

つまり，月次決算は迅速性を重視するため，計上する数値も簡便的に算出するケースもありますが，決算においては，外部にも報告できるレベルに精度を引き上げる必要性があります。

したがって，月次決算の精度が高い場合には，決算時においてプラスαの調整を加えるだけで決算が完成することになります。

ここでは，決算において留意すべき事項をみていくこととします。

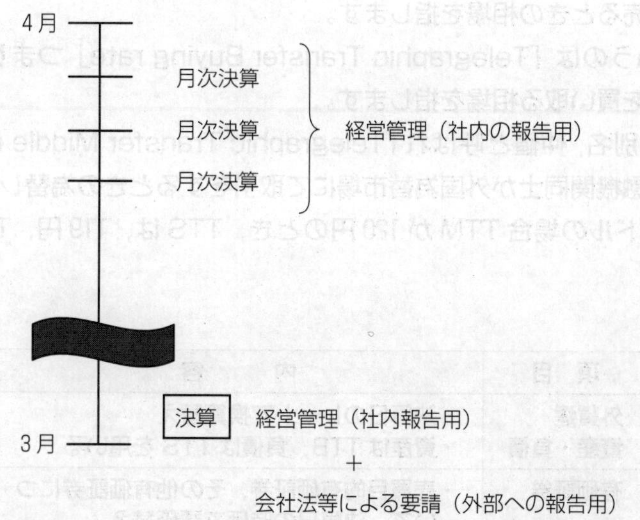

STEP UP!

①　決算日に数えます。

現金については，決算日に実際の現金残高をカウントして帳簿残高の照合を行います。月次決算で適正に処理されていれば，残高は一致しますが，仮に残高が一致せずに原因も不明な場合は，帳簿の残高を実際の残高に合わせる処理を行います。

また，棚卸資産についても決算日に実地の棚卸を行い，商品有高帳との数量の照合を行います。決算においては，この棚卸で生じた数量の差異（紛失，盗難，出入庫ミスなど）を棚卸減耗損として処理するとともに，不良在庫については評価損を計上する必要があります。

項　目	内　　容
現　金	・実際の残高と帳簿残高との照合 ・帳簿残高を実際の残高に合わせる
棚卸資産	・実地棚卸の数量と帳簿の数量とを照合 ・不足分について減耗損を計上する ・品質低下分について評価損を計上する

② 決算日の数値に注意します。

決算では，その日を待たないと数値が固まらない項目もあります。その代表例が外貨建資産・負債の換算替え，有価証券の評価替えです。

外貨建ての資産・負債は，原則的に決算日のレートにより換算替えの必要があります。一般的に資産についてはTTBを，負債についてはTTSを用います。

また，有価証券のうち，売買目的有価証券及びその他有価証券については期末の時価に評価替えが必要になります。

※　TTSというのは「Telegraphic Transfer Selling rate」つまり，金融機関が顧客に外貨を売るときの相場を指します。

TTBというのは「Telegraphic Transfer Buying rate」つまり，金融機関が顧客から外貨を買い取る相場を指します。

TTMは，別名，仲値と呼ばれ「Telegraphic Transfer Middle rate」つまり，銀行などの金融機関同士が外国為替市場にて取引をするときの為替レートのことです。

アメリカドルの場合TTMが120円のとき，TTSは，119円，TTBは121円になります。

項　目	内　　容
外貨建 資産・負債	・決算日のレートで換算替え ・資産はTTB，負債はTTSを用いる
有価証券	・売買目的有価証券，その他有価証券について，決算日の時価で評価替え

③ 決算で再確認します。

月次決算が適正に行われていれば必要性はありませんが，決算を確定させてしまうと後から気づいても後戻りはできません。そこで，費用収益の期間対応が適正か（特に売掛金と買掛金は相手先から残高確認書を入手），仮勘定（仮払金，仮受金）が残っていれば，内容を精査して適正な科目に振り替えることができないか，といったことについて，再確認が必要です。

項　目	内　　容
売掛金 買掛金	・相手先から残高確認書を入手 ・必要に応じて差額を修正する
仮払金 仮受金	・残高がある場合は内容を再度精査 ・内容が判明した場合は適正な科目に振替

④　決算で再計算します。

月次決算では減価償却，各種引当金，税額計算は概算で計算されるケースが多いといえます。

減価償却については，固定資産の現物確認を行い，正常に稼動している資産についてのみ減価償却費を計上し，除却した資産について固定資産台帳に計上されている場合には，除却処理を行い，固定資産台帳に計上された金額と貸借対照表に計上されている固定資産の金額を一致させましょう。

また，各種引当金（貸倒引当金，賞与引当金，退職給付引当金など）についても決算日の実態に応じて合理的に計上すべき金額を見積もる必要があります。

さらに，法人税や地方税，消費税についても正確な税額計算を行い，未払（未収）計上する必要があります。自社での税額計算が困難な場合は，税理士などの専門家に依頼しましょう。

項目	内　　容
減価償却	・固定資産の現物確認 ・正常稼動資産についてのみ減価償却費を計上 ・除却資産は固定資産台帳を修正 ・固定資産台帳と貸借対照表の計上額を一致させる
引当金	・決算日の実態を把握 ・実態に応じて合理的に見積計上
税額計算	・法人税や地方税，消費税の税額を計算 ・計算した金額を未払（未収）計上

⑤　最後に

上記の①から④だけでも相当なボリュームがあるでしょうが，これだけでは一息つけません。

上記の作業により確定した利益を外部に報告できるように決算書にまとめ，さらには税務申告を行って初めて決算が完了します。

項目	内　　容
決算書作成	・貸借対照表などの計算書類の作成 ・事業報告の作成 ・附属明細書の作成
税務申告	・法人税，地方税の申告・納税 ・消費税の申告・納税

30 貸借対照表から残高を確認する！

貸借対照表から残高確認しましょう！

決算で数字を確認する場合，まず貸借対照表の残高確認をするのが，実務では一般的です。それは，財務諸表の仕組みに基づくものなのです。

伝票の様式をまず，確認してみましょう。

① 伝票は借方・貸方の複式簿記に基づいて作成されています。

（借方）現　　金　10,000　（貸方）売　　上　10,000

（借方）仕　　入　7,000　（貸方）買 掛 金　7,000

（借方）売 掛 金　5,000　（貸方）売　　上　5,000

② 伝票から試算表（合計残高試算表）に転記されます。

合計残高試算表

借 方		貸 方	
現　金	10,000	買掛金	7,000
売掛金	5,000		
仕　入	7,000	売　上	15,000
合　計	22,000	合　計	22,000

↑　　　　↑

貸借の残高は一致します。

③　試算表ができたら，試算表の構成を確認してみましょう。試算表は大きく5つの項目（資産，負債，純資産，収益，費用）からできています。

合計残高試算表

借　方		貸　方	
資　産 現　金 売掛金		負　債 買掛金	
		純資産 資本金	
		収　益 売上	
費　用 仕入			

④　ここから貸借対照表，損益計算書が分かれるイメージです

貸借対照表

借　方		貸　方	
資　産 現　金 売掛金	 10,000 5,000	負　債 買掛金	 7,000
		純資産 資本金	
		利益	8,000

損益計算書

借　方		貸　方	
費　用	7,000	収　益	15,000
利　益	8,000		

まず貸借対照表（ストック）の残高を確認することにより，当期の利益を確定させるのです。

どのように残高を確認するのでしょうか？

主な科目について，説明しますと以下のとおりになります。

貸借対照表

借　方	貸　方
資産 ①　現金・預金 ②　売　掛　金 ③　固定資産 ④　有価証券	負債 ⑤　買　掛　金 ⑥　借　入　金
	純資産

①　現金・預金の残高確認

・　現金の場合

現金については，決算最終日に金額を確認し，金種表などに記載をして保管をしておきます。この実際の残高（有高）との確認を行います。

金種表

金額		@	数量	金額
紙幣	10,000円札			
	5,000円札			
	2,000円札			
	1,000円札			
硬貨	500円玉			
	100円玉			
	50円玉			
	10円玉			
	5円玉			
	1円玉			
通貨合計				

・　預金の場合

預金については，簡便的な方法として，預金通帳などとの残高確認を行います。残高確認証明書を正式に依頼をして発行をしてもらうことが好ましいとされています。

②　売掛金の残高確認

売掛金の相手先に対して，残高確認書を送付して確認をしてもらう方法があります。売掛金は通常件数が多いため，実務では，一定金額以上の相手先を抽出して確認をする方法が多く採用されています。

③　固定資産の残高確認

固定資産は，通常，会社で固定資産台帳を作成していますので，固定資産台帳の合計金額と確認をします。また，固定資産の実際の所在と台帳とのつけ合わせは，定期的に行う必要があります。

④　有価証券の残高確認

有価証券の実物を保有している場合には，実際の有高を確認し，残高の確認をします。証券会社などへ預けている場合には，預り証などを取得して確認をします。

⑤　買掛金の残高確認

売掛金と同様の方法により，確認作業をします。すなわち，相手先に残高確認書を送付し，先方の残高との確認作業を行います。

⑥　借入金の残高確認

金融機関から借入れている場合には，残高証明書を取得して確認をします。借入金返済予定表などにより簡便的に行う方法もあります。

金融機関以外の個人などから借入れをしている場合には，会社が作成をしている借入金台帳との確認を行うとともに，債権者本人に残高を確認する必要があります。

31 現物実査・残高確認とは

決算を行うにあたり，記帳されている残高が正しいかどうかを確認する手段として，現物実査や残高確認という手続きがあります。ここでは，その手続きについて説明します。

現物実査とは？

実物と帳簿や台帳等の種類・数量・残高等を確認することを現物実査といいます。通常は決算期に行いますが，必要に応じて随時行います。

現物実査の対象と内容

現物実査の主な対象科目を取りまとめると以下のようになります。

対象科目	突合書類	確認項目	留意点等
現　金	現金出納帳	金　額	日々，残高を合わせるようにする。
預　金	残高証明書 (通帳でも可)	金　額	残高証明書を銀行から取得し，差異が生じた場合は残高調整表を作成する。
有価証券	有価証券台帳	種類・数量	現物の他，預り証も確認する。
受取手形	受取手形台帳	金額・数量	銀行に取立依頼中の分も確認する。
棚卸資産※	商品台帳 棚卸表　等	種類・数量 状態等	業種によっては毎月行うこともある。
固定資産	固定資産台帳	種類・数量 状態等	購入だけでなく，除却や移動の状況も経理部門で把握できるようにする。
借入金	残高証明書	金額・期日	残高証明書を銀行から取得する。

※　棚卸資産…企業の生産活動や販売活動のために保有している資産。
たとえば，商品，製品，半製品，原材料，仕掛品などのこと。
なお，棚卸資産の現物実査に関しては，通常「実地棚卸」と呼ばれています。

チェックポイント

帳簿と実際の残高を一致させるのが目的のため，不一致の場合は原因を確認したうえで，残高を一致させる必要があります。

実地棚卸とは？

棚卸資産の帳簿残高と有高を実際に確認することです。実地棚卸を行うことによって在庫数が確定し，それによって売上原価が確定します。

売上原価と棚卸の関係

期首商品棚卸高	売上原価
当期仕入高	期末商品棚卸高

実地棚卸の目的を理解しよう！

① 数量の確定

実際の残高が帳簿残高よりも少ない場合は処理が必要です。

その場合は「棚卸減耗損」として処理を行います。

② 不良品・滞留品の把握

不良在庫や滞留在庫を把握し，管理することで在庫の適正化を図ります。

STEP UP!

棚卸資産の評価方法

売上原価を算出するにあたっては，実地棚卸の結果のほかに，棚卸資産の評価方法によって大きく変わってきます。棚卸資産の評価方法にはいくつかの方法があります。代表的なものとして，①先入先出法，②後入先出法，③移動平均法，④最終仕入原価法の4つの方法があり，それぞれの特徴は以下のとおりです。自社の棚卸資産の特性を考慮してもっともふさわしいものを適用します。

評価方法	特　　徴
①先入先出法	先に受け入れたものから先に払い出されるとして，払出単価を決定する方法
②後入先出法	最も新しく受け入れたものから先に払い出されるとして，払出単価を決定する方法
③移動平均法	受入の都度，平均単価を計算しておき，払出単価とする方法
④最終仕入原価法	期中において最終に仕入れた一単位当たりの取得価額で評価する方法　⇒　期末直近に購入したときの単価

このうち，実務上多く用いられるのは，移動平均法と最終仕入原価法になります。

残高確認とは？

自社の残高と得意先の残高とを書面を通じて確認をすることを残高確認といいます。通常は残高確認書を用いて自社の債権残高（売掛金等）と得意先の債務残高（買掛金等）を照合します。

残高確認の流れ

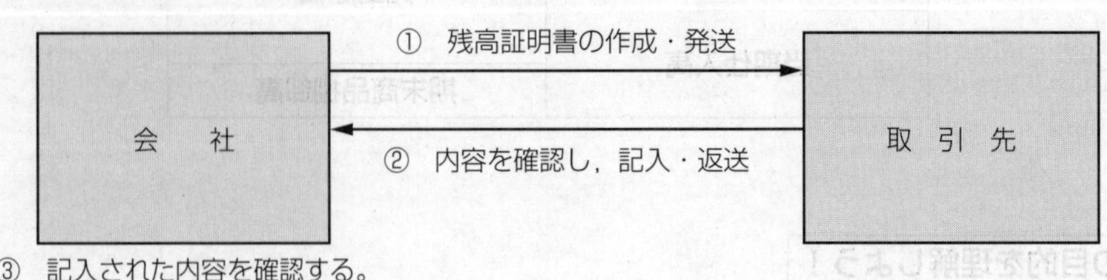

③　自社で認識している金額と先方で認識している金額に差異がある場合

内容を確認し，売上高の戻し等必要な訂正を行います。

※　なお，自社の取引先から残高確認書が届いたら，同じように残高を確認し，必要事項を記載のうえ，返送します。

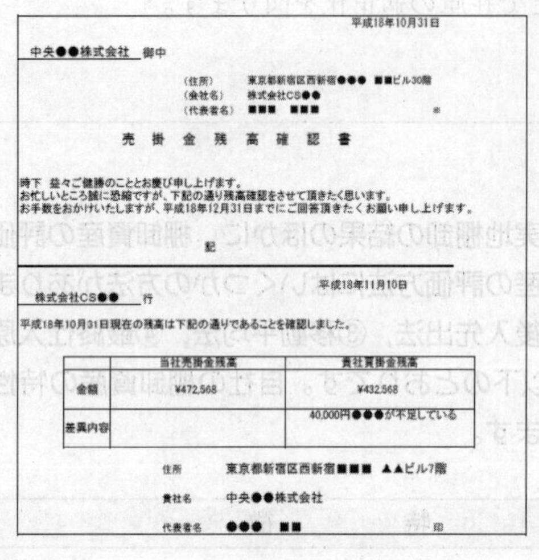

平成18年10月31日

中央●●株式会社　御中

（住所）　東京都新宿区西新宿●●●　■■ビル30階
（会社名）　株式会社CS●●
（代表者名）　■■■　■■■　㊞

売　掛　金　残　高　確　認　書

時下　益々ご健勝のこととお慶び申し上げます。
お忙しいところ誠に恐縮ですが，下記の通り残高確認をさせて頂きたく思います。
お手数をおかけいたしますが，平成18年12月31日までにご回答頂きたくお願い申し上げます。

記

平成18年11月10日

株式会社CS●●　行

平成18年10月31日現在の残高は下記の通りであることを確認しました。

	当社売掛金残高	貴社買掛金残高
金額	¥472,568	¥432,568
差異内容		40,000円●●●が不足している

住所　東京都新宿区西新宿■■■　▲▲ビル7階
貴社名　中央●●株式会社
代表者名　●●●　■■　印

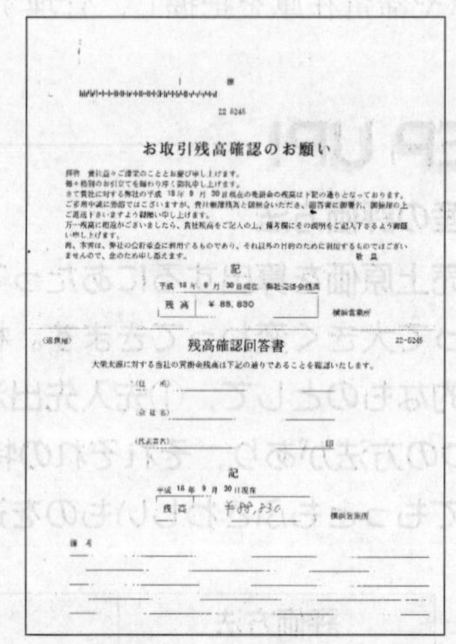

22-5245

お取引残高確認のお願い

記

平成18年9月30日現在

残高　¥88,830

残高確認回答書

22-5245

（住所）
（会社名）
（代表者名）　印

記

平成18年9月30日現在

残高　¥88,830

備考

残高確認の目的

①　記帳の誤りの発見・防止
②　営業担当者への牽制→架空売上や不正売上の防止

STEP UP!

監査対象の会社の場合，監査法人や公認会計士の方が残高確認を行うことがあります。これは監査手続きの一つですが，不正な経理処理や粉飾決算が行われていないかの確認のために行います。

32 有価証券

有価証券とは？

一般的に有価証券という場合は，株式や債券，投資信託，貸付信託や金銭信託などの受益証券といった金融商品取引法上の有価証券を指します。わかりやすいものとしては，証券会社などで取り扱われている会社の株式などがそれにあたります。

取得時の処理は，どのように行えばよいのですか？

たとえば，A 社の株券を取得した場合の会計処理は以下のようになります。
（A 社株式　購入代金　1,000 円，取得のために証券会社に支払う手数料　150 円）

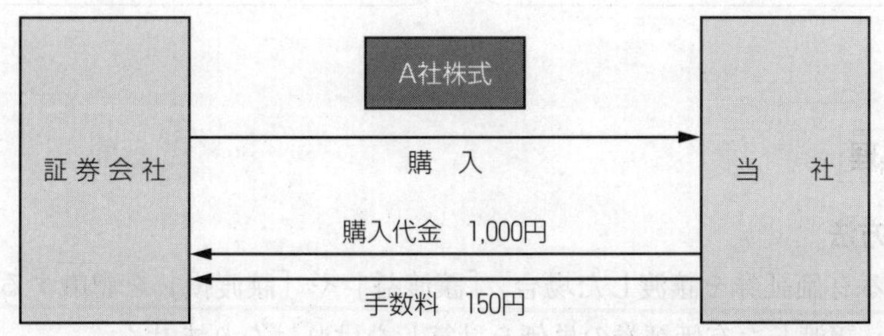

（借方）有価証券　1,150　　（貸方）現預金　1,150

この場合において，取得のために支払った，A 社株式の価格と手数料の合計金額 1,150 円がこの有価証券の取得価額となります。

32 有価証券

有価証券の区分を理解しましょう！

有価証券は，その所有目的により次のとおり区分します。この所有目的は，その有価証券を取得したときに判断します。

A.『売買目的有価証券』
短期間の価格変動により利益を得ることを目的として保有する有価証券のことをいい，いわゆるトレーディング目的の有価証券を指します。

B.『満期保有目的の債券』
満期まで保有することを意図して保有する社債その他の債券

C.『子会社株式及び関係会社株式』
子会社株式や関係会社の株式

D.『その他有価証券』
A，B，C以外の株式が該当します。たとえば，長期的な時価の変動で利益を得ようとする目的のものや業務提携の目的で所有されるものがあります。

譲渡したときの処理

① 単価の計算方法

会社が持っている有価証券を譲渡した場合，「譲渡益」や「譲渡損」を認識する必要がありますが，それにはまず，譲渡した有価証券の単価を計算しなければなりません。

単価の計算は，有価証券の区分ごと，かつ，銘柄ごとに行い，総平均法または移動平均法により算出します。

たとえば，B社株式を，3回に分けて取得した場合，B社株式の単価は以下のように計算されます。

（図1）

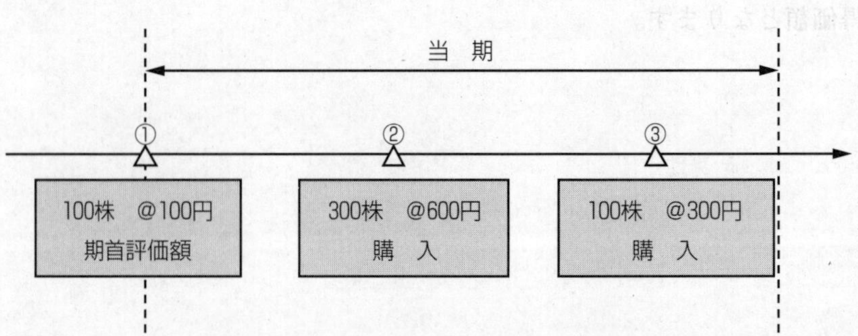

移動平均法とは？

同一区分・銘柄ごとに，有価証券を取得するたびに，平均単価を計算する方法です。

（図 1）の例の場合，B 社株式の単価は，

① 期首評価額：(@100 円×100 株)/100 株＝@100 円

② 300 株購入：(@100 円×100 円＋300 株×@600 円)/(100 株＋300 株)＝@475 円

③ 100 株購入：(@475 円×400 株＋@300 円×100 株)/(400＋100 株)＝@440 円

となります。

総平均法とは？

同一種類・銘柄ごとに，有価証券の期首評価額と期中に取得した有価証券の取得価額との合計額を保有総数量で除して単価を計算する方法です。

この場合の B 社株式の単価は，

(@100 円×100 株＋@600 円×300 株＋@300 円×100 株)/500 株＝@440 円

となります。

② 譲渡損益の計算方法

譲渡損益の額は，譲渡対価の額から譲渡原価の額を控除して計算します。

たとえば，図 1 の例で，期中に 200 株を 10 万円で譲渡した場合の譲渡損益は以下のようになります。

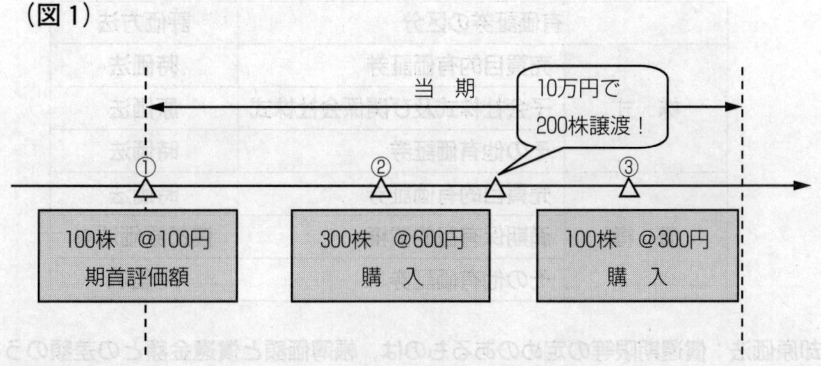

移動平均法の場合

譲渡直前の②の時点の単価@475 円に譲渡した株数 200 株を乗じた金額が，譲渡原価の額となります。

譲渡原価の額：@475 円×200 株＝95,000 円

譲渡損益の額：100,000 円－95,000 円＝5,000 円（譲渡益）

（借方）現　預　金	100,000	（貸方）有価証券	95,000
		譲　渡　益	5,000

総平均法の場合

期末までに取得したすべての株式の単価@440円に譲渡した株数200株を乗じた金額が，譲渡原価の額となります。

譲渡原価の額：@440円×200株＝88,000円

譲渡損益の額：100,000円－88,000円＝12,000円（譲渡益）

（借方）現　預　金	100,000	（貸方）有価証券	88,000
		譲　渡　益	12,000

STEP UP!

有価証券の期末評価

有価証券は，期末時において，その価額について評価する必要があります。評価方法としては下記の2つがあり，有価証券の区分ごとにその評価方法が定められています。

①　原価法……有価証券を取得価額で評価する方法。

②　時価法……期末時価をもって期末評価額とする方法。

有価証券の区分		評価方法
株　式	売買目的有価証券	時価法
	子会社株式及び関係会社株式	原価法
	その他有価証券	時価法
債　権	売買目的有価証券	時価法
	満期保有目的債権	償却原価法※
	その他有価証券	時価法

※　償却原価法：償還期限等の定めのあるものは，帳簿価額と償還金額との差額のうち当期に配分すべき金額を増減した金額を期末帳簿価額とし，その増減額を損益として認識します。

たとえば，取得価額 1,000 円のＣ社株式の期末時価が 1,200 円である場合，決算時の会計処理は次のようになります。

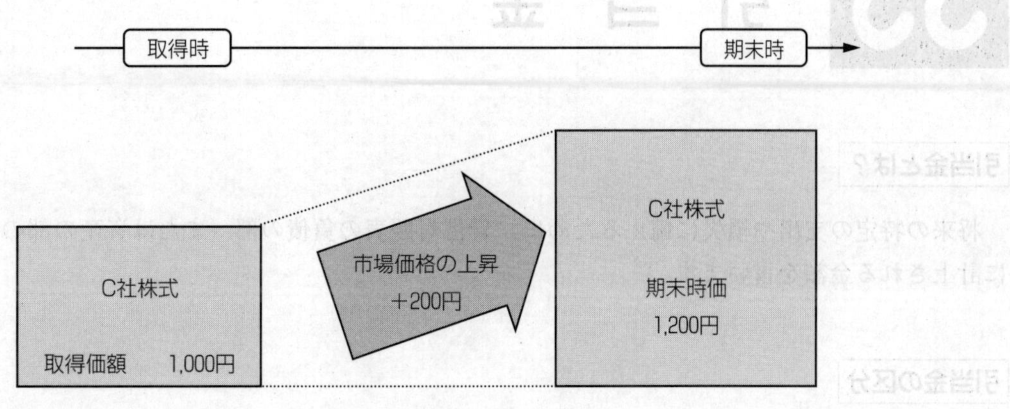

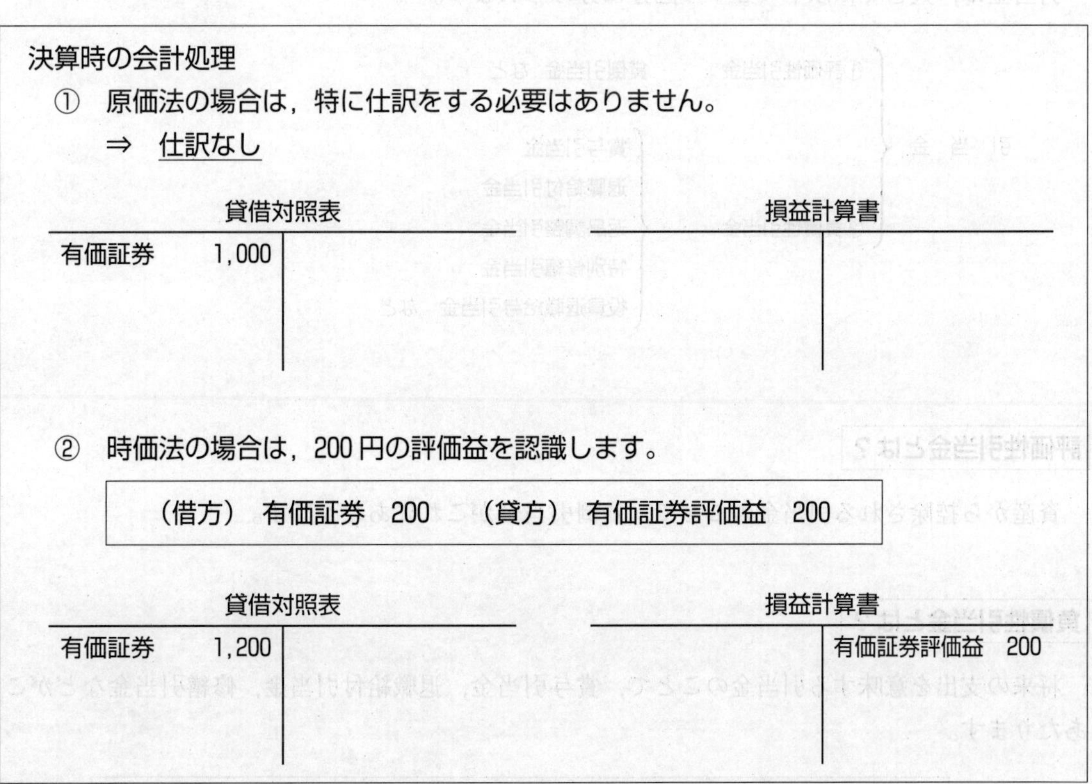

決算時の会計処理
①　原価法の場合は，特に仕訳をする必要はありません。
⇒　仕訳なし
貸借対照表
有価証券　1,000
損益計算書
②　時価法の場合は，200 円の評価益を認識します。
（借方）　有価証券　200　（貸方）　有価証券評価益　200
貸借対照表
有価証券　1,200
損益計算書
有価証券評価益　200

33 引当金

引当金とは？

将来の特定の支出や損失に備えるために，貸借対照表の負債の部（または資産の部の評価勘定）に計上される金額を言います。

引当金の区分

引当金は，大きくは以下の２つの区分に分けられます。

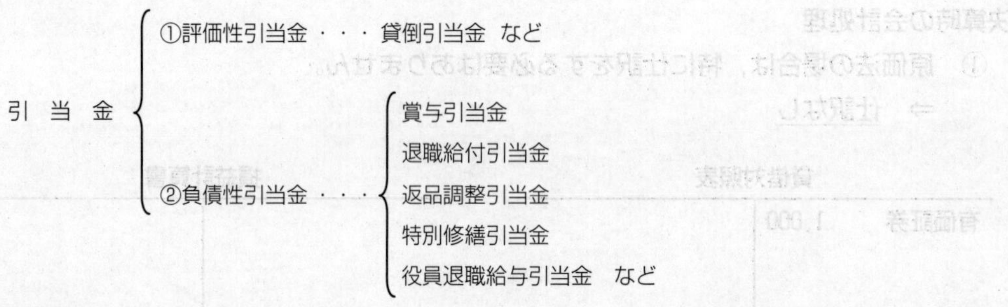

評価性引当金とは？

資産から控除される引当金のことで，貸倒引当金がこれにあたります。

負債性引当金とは？

将来の支出を意味する引当金のことで，賞与引当金，退職給付引当金，修繕引当金などがこれにあたります。

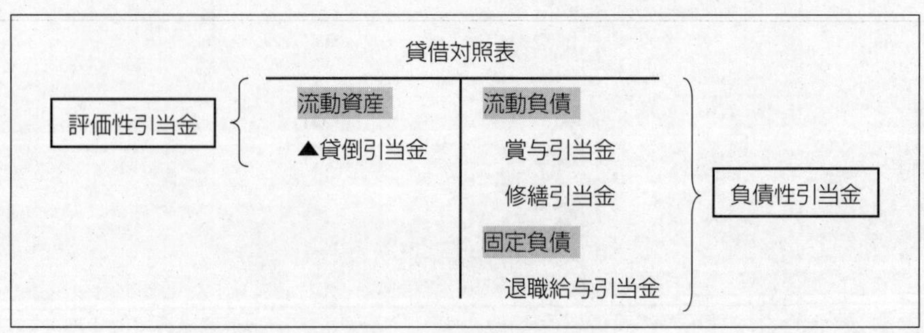

引当金の計上要件

以下の条件が満たされる場合，引当金の計上を行うことができます。

① 将来の特定の費用又は損失であること
(費用の資金負担は翌期以降となります)

② その費用の発生原因が当期以前にあること

③ その費用または損失の発生の可能性が高いこと

④ 翌期以降の費用の金額を合理的に見積もることができること
(引当金の金額が正しく計上できる)

法人税と引当金の関係

法人税法上，繰入が認められる引当金，つまり税金のかからない引当金は，現在は，次の2つのみとなっています。

① 貸倒引当金

② 返品調整引当金

なお，法人税法により認められていない引当金であっても，会計上は計上することができます。会計上の費用として計上することと，法人税法上の損金として認められることは別問題なのです。

引当金と未払費用の違いを理解しましょう！

引当金が翌期以降に発生する費用を見積計上する科目であるのに対し，未払金は，期末までに役務の提供が完了している，すなわち，債務が確定しているが，対価の支払いが翌期以降となる取引を処理する科目です。また，未払費用は，当期において役務の提供が開始，継続するものの期末までに完了していない，すなわち債務の確定及び対価の支払いが翌期となる取引を処理する科目であり，やはり引当金とは性格が異なります。

① 未 払 金

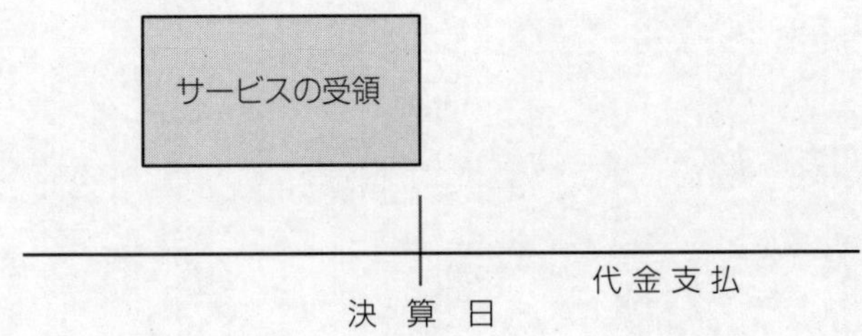

② 未払費用

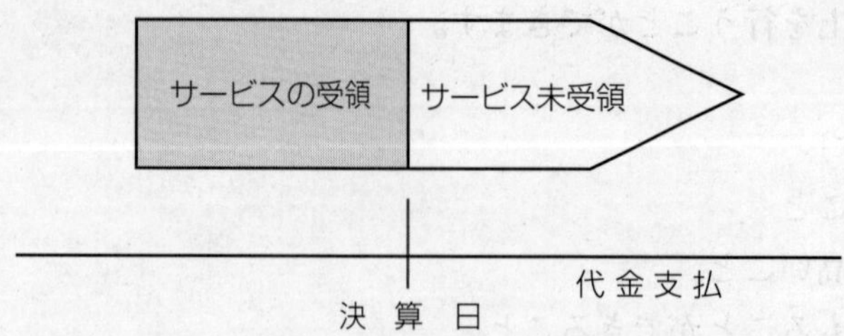

③ 引 当 金

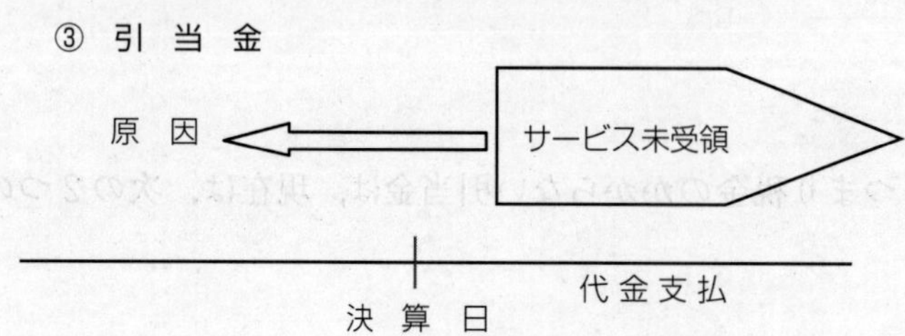

│サービスの受領│サービス未受領 ＞
└─────────┴─────────────┘
          │   │
        決算日   代金支払
原因 ←──── │ サービス未受領 ＞
              └─────────────┘
          │   │
        決算日   代金支払

34 貸倒引当金

貸倒引当金とは？

貸倒引当金とは売掛金・受取手形等の債権の貸倒れリスクに備え，決算に際しこの予想される貸倒れ金額を見積って計上した引当金をいいます。

※　貸倒れとは，売掛金や受取手形の一部又は全部が，相手先の倒産等で回収不能になることをいいます。

決算時に予想される貸倒れ金額を見積って貸倒引当金として計上し，その年の費用（貸倒引当金繰入）として認識します。

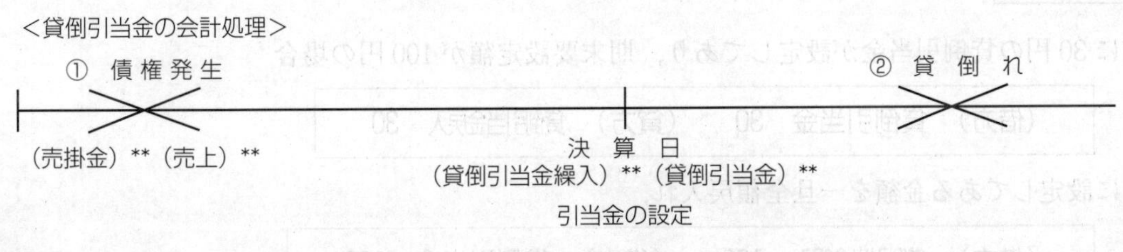

決算時の貸倒引当金設定の会計処理は2パターン！

差額補充法，洗替法

	差額補充法 （①または②の仕訳を起票します。）	洗替法 （必ず次の2つの仕訳を起票します）
前期設定分当期末残高＜当期設定額	①（貸倒引当金繰入）＊＊ （貸倒引当金）＊＊	（貸倒引当金）＊＊ （貸倒引当金戻入）＊＊ （貸倒引当繰入）＊＊ （貸倒引当金）＊＊
前期設定分当期末残高＞当期設定額	②（貸倒引当金）＊＊ （貸倒引当金戻入）＊＊	

たとえば，決算時に貸借対照表上に貸倒引当金30円があり，当期は100円の貸倒引当金を計上しておく必要がある場合（上記表①のケース）には以下の仕訳になります。

差額補充法の場合

（借方）　貸倒引当金繰入　70　　（貸方）　貸倒引当金　70

100－30の差額を計上し貸倒引当金を増やします。

逆にすでに130円の貸倒引当金（既に要設定金額を超過している場合，上記表②のケース）が設定してある場合には,

（借方）　貸倒引当金　30　　（貸方）　貸倒引当金戻入　30

130－100の差額を計上し，貸倒引当金を減らします。

洗替法の場合

既に30円の貸倒引当金が設定してあり，期末要設定額が100円の場合

（借方）　貸倒引当金　30　　（貸方）　貸倒引当金戻入　30

既に設定してある金額を一旦全額戻入れ,

（借方）　貸倒引当金繰入　100　　（貸方）　貸倒引当金　100

その後期末要設定金額を繰入れます。

＊　どちらの処理でも貸倒引当金100が期末に設定されます。(あくまで仕訳の仕方が違うだけで，要設定額まで貸倒引当金を計上することに違いはありません。)

貸倒引当金の貸借対照表上の表示方法は以下の通りです。

貸借対照表

借方	貸方
売掛金××	
△貸倒引当金××	

この他に売掛金に貸倒引当金を控除した残額を記載し，注記で貸倒引当金の金額を示す方法もあります。

• 債権の分類及び貸倒引当金の算定方法・設定方法は以下の通りです。

区　分	定　義	引当金額算定方法	設定方法
一般債権	経営状態に重大な問題が生じていない債務者に対する債権	貸倒実績率法	＊総括引当法
貸倒懸念債権	経営破綻の状況には至っていないが，債務の弁済に重大な問題が生じているか，または生じる可能性の高い債務者に対する債権	財務内容評価法 または キャッシュフロー見積法	＊個別引当法
破産更生債権等	経営破綻または実質的に経営破綻に陥っている債務者に対する債権	債権額から担保の処分見込額及び保証による回収見込額を減額した残額	＊個別引当法

※　個別引当法…貸倒見積額を個々に見積もる方法

※　総括引当法…債権をまとめて過去の貸倒実績率によって貸倒見積額を見積もる方法

貸倒引当金に計上する金額の算定方法を学ぼう！

貸倒引当金に計上する金額の算定方法は，①貸倒実績率法，②財務内容評価法，③キャッシュ・フロー見積法の３つがあります。

①貸倒実績率法とは？

一般債権について，債権全体または同種・同類の債権ごとに，債権の状況に応じて求めた過去に貸倒実績率等の合理的な基準により貸倒見積高を算定する方法をいいます。

②財務内容評価法とは？

担保または保証が付されている債権について，債権額から担保の処分見込額及び保証による回収見込額を減額し（破産更生債権等については当該残額の全額）貸倒見積高を算定する方法をいいます。

③キャッシュフロー見積法とは？

キャッシュフロー見積法とは，債権の元本及び利息について，元本の回収及び利息の受取りが見込まれるときから当期末までの期間にわたり，債権の発生または取得当初の利子率で割り引いた現在価値の総額と債権の帳簿価額との差額を貸倒見積高とする方法をいいます。

35 賞与引当金

賞与引当金とは？

賞与引当金とは，法人が従業員等に将来賞与を支払うのに備え，その賞与支給額のうち当期の労働の対価である部分について決算時に見積り計上するものです。

従業員賞与については，給与規程により支給時期や支給対象期間が定められていることが一般的であるため，決算時に合理的な賞与引当金を計上し将来の賞与の支払いに対して備えます。

会計処理は？

• 具体例　　設立１期目の法人

決算日３月31日　　ここでは支給額を夏季及び冬季支給分各６万円として考えてみます。

賞与支給対象期間　　夏季賞与12月１日～５月31日

冬季賞与６月１日～11月30日

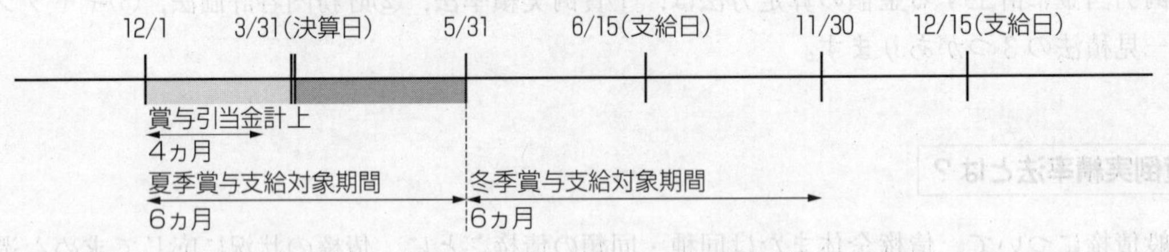

〈会計処理〉

１期　3/31（決算時）

(借方)	賞与引当金繰入	40,000	(貸方)	賞与引当金	40,000

60,000円×４ヶ月/6ヶ月(12/1～3/31)

２期　6/15（夏季賞与支給日）

(借方)	賞与引当金	40,000	(貸方)	現金預金	60,000
	賞与手当	20,000			

12/15日（冬季賞与支給日）60,000円×２ヶ月/6ヶ月(4/1～5/30)＝20,000円

(借方)	賞与手当	60,000	(貸方)	現金預金	60,000

60,000円×６ヶ月/6ヶ月(6/1～11/30)＝60,000円

上記が正しい会計処理ですが，ここでは賞与引当金を設定しなかった場合との違いを確認してみましょう。

仕訳なし

〈賞与引当金を設定しなかった場合の会計処理〉

1期　3/31（決算時）

2期　6/15（夏季賞与支給日）

（借方）賞与手当 60,000　（貸方）現金預金 60,000

12/15日（冬季賞与支給日）

（借方）賞与手当 60,000　（貸方）現金預金 60,000

賞与引当金を設定しない会計処理だと1期目で働いた部分（12/1～3/31）に対する賞与40,000円が2期目（6/15）に費用に計上されてしまいます。これでは適正な期間損益計算の観点から正しくありません。

したがって，3/31に引当金を計上することによって，1期目で40,000円（12/1～3/31）の分2期目で20,000円（4/1～5/31）分を賞与として認識することができます。この処理が，保守主義の見地からも正しい処理になります。このような理由から，賞与引当金を計上するのです。

ちなみに12/15日に支給される賞与手当60,000円については，2期目に発生（6/1～11/30）したものを2期目（12/15）に支払う（つまり期をまたいでいない）ため，賞与引当金を計上する必要はありません。

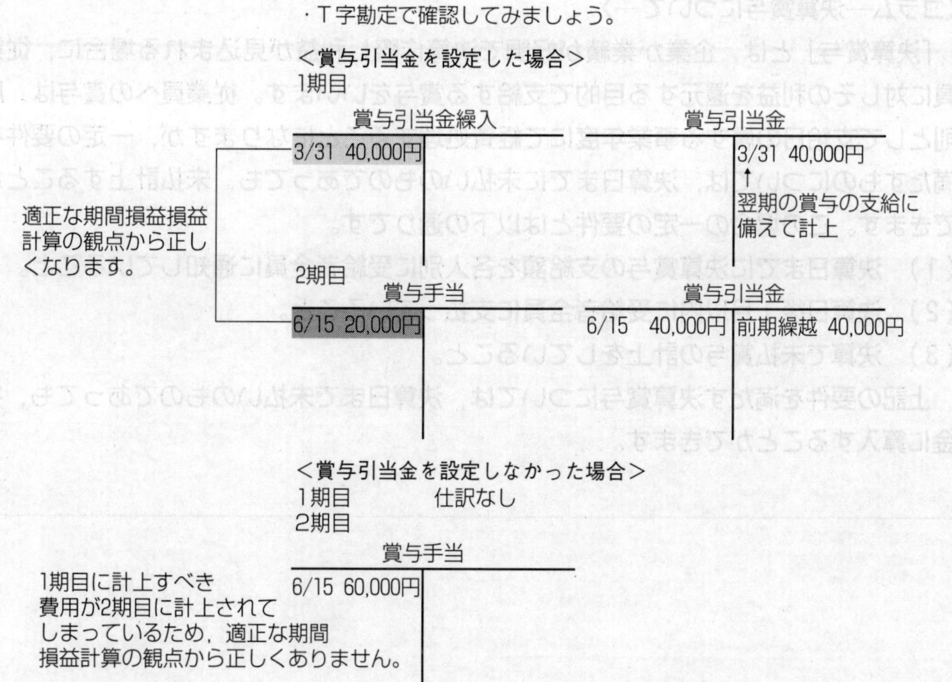

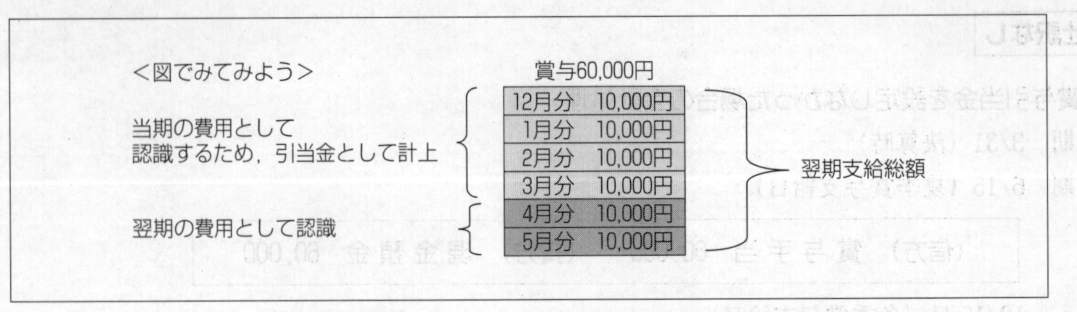

STEP UP!

―賞与引当金の会計上と税務上の取扱いの違い―

賞与引当金は会計上の要請に基づいて計上されます（会計上の費用となります）が，税法上は賞与引当金繰入は税務上の損金とはなりません（つまり法人税がかかります）ので繰入額の全額を税務申告書上（別表四上）加算する必要があります。

〈注意〉平成10年度の税制改正により，損金として認容される賞与引当金繰入額は段階的に縮小され，平成15年4月1日以降開始する事業年度よりいっさい認められないことになりました。

〈コラム―決算賞与について―〉

「決算賞与」とは，企業が業績が好調で決算に際し利益が見込まれる場合に，従業員に対しその利益を還元する目的で支給する賞与をいいます。従業員への賞与は，原則として支給日の属する事業年度にて経費処理することになりますが，一定の要件を満たすものについては，決算日までに未払いのものであっても，未払計上することができます。この場合の一定の要件とは以下の通りです。

（1）　決算日までに決算賞与の支給額を各人別に受給者全員に通知していること。
（2）　決算日後1月以内に受給者全員に支払っていること。
（3）　決算で未払賞与の計上をしていること。

上記の要件を満たす決算賞与については，決算日まで未払いのものであっても，損金に算入することができます。

36 退職給付引当金

退職金とは

退職金とは会社を退職したときに支給される金銭をいいますが，法律上，退職金の支給は強制されていませんので会社が労働協約または就業規則において，退職金規程を設けている場合に支給されるものであり，退職金規程には○○年以上勤務したものについて支給する等の要件があり，勤続年数が長いほど支給額も多くなるのが一般的です。

また，退職金には次の３つの考え方があるといわれています。

1. 功労報奨説…従業員の会社への貢献度に応じて支払われる対価
2. 賃金後払説…従業員賃金の一部後払い
3. 生活保障説…従業員の退職後の生活保障のために支払われるもの

退職給付引当金の考え方

退職給付引当金の考え方について下記の具体例で考えてみましょう。

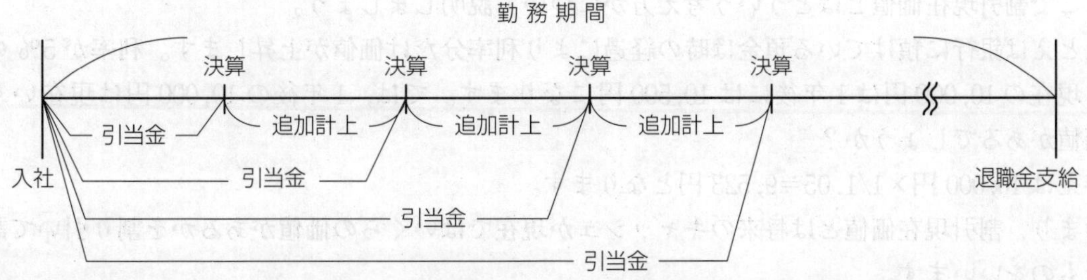

たとえば会社が労働協約または就業規則において退職金規程を設けている場合には，従業員の退職時に退職金を支給することとなります。退職金は上記で述べたような考え方から長年の勤務の積み重ねによって発生したものであると考えるべきものであるため，退職時に退職金全額を費用として計上するのではなく将来の退職金支給額のうち各決算時までに発生したと認められる部分について認識するのが適正な期間損益計算の観点から適切な処理といえます。

このように将来の退職金の支出額のうち決算時までに発生している金額で会社が費用として認識しなければならない部分について引当計上したものを退職給付引当金といいます。

退職給付制度

退職金支給のしくみを退職給付制度といい，その支給形態は次の図にあるように会社が社内で積立て，退職者に直接支給する退職一時金（いわゆる退職金）と会社が企業年金制度を利用して金融機関等に掛金を拠出することによって外部に積立て，外部から年金として支給される退職年金等に分けられます。

なお，退職金の支給形態はどちらか一方の制度のみ採用している場合，両方の制度を採用している場合等会社によって異なります。

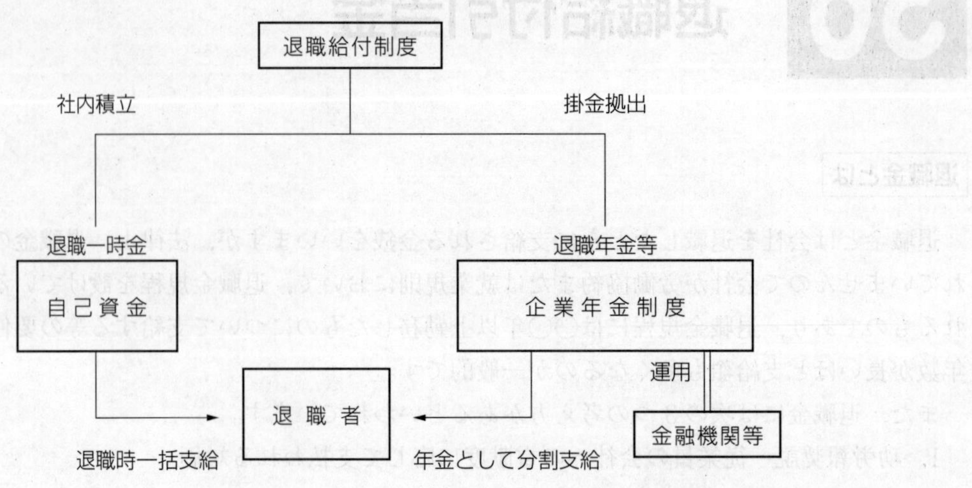

退職給付会計

退職給付引当金の会計処理は退職給付会計と呼ばれる会計基準によって規程されています。退職給付会計では将来の退職金の支出額のうち決算時までに発生している金額について従業員の昇給率，退職率，死亡率，割引率等の予測数値を用いた割引現在価値という考え方によって計算します。

ここで割引現在価値とはどういう考え方かについて説明しましょう。

たとえば銀行に預けている預金は時の経過により利率分だけ価値が上昇します。利率が5%の場合，現在の10,000円は1年後には10,500円になります。では，1年後の10,000円は現在いくらの価値があるでしょうか？

答えは10,000円×1/1.05≒9,523円となります。

つまり，割引現在価値とは将来のキャッシュが現在ではいくらの価値があるかを割り引いて評価したものをいいます。

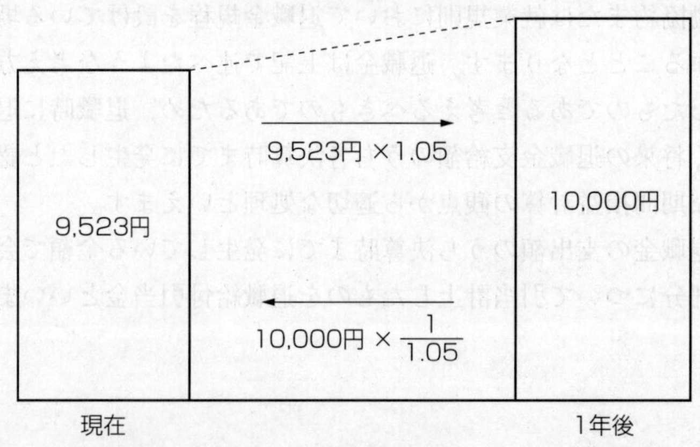

ただし，上記のような予測数値を用いた計算は複雑で難しいことから，従業員が300人未満の中小企業については，簡便法と呼ばれる方法によって簡便的な計算をすることも認められています。

なお，退職給付会計の対象となるのは従業員に対する退職金であり，役員に対する退職金は労働提供の対価以外の性格も有することから対象にはなりません。

退職給付引当金とは

退職給付引当金は次の算式で計算されます。

退職給付引当金＝退職給付債務−(年金資産＋未認識差異)

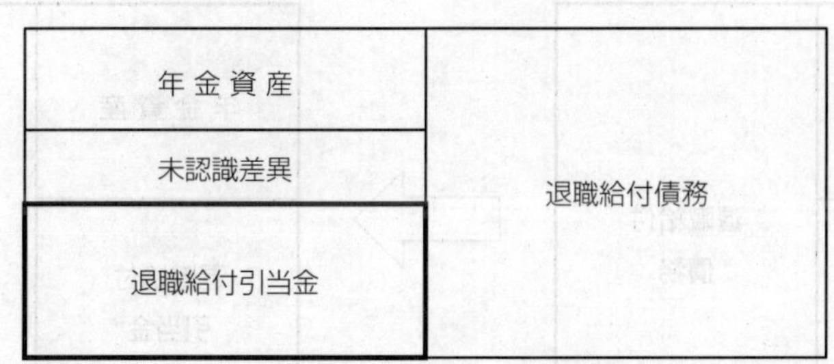

退職給付引当金は，将来の退職金支給見込総額を割引現在価値に割引計算した退職給付債務から外部に掛金を拠出して積み立てた年金資産と退職給付債務のうち予測数値の増減等の理由による差異を控除したものをいいます。

退職給付費用とは

退職給付費用は次の算式で計算されます。

退職給付費用＝勤務費用＋利息費用＋未認識差異の償却額−期待運用収益

勤 務 費 用
利 息 費 用
未認識差異の償却額
期待運用収益
退職給付費用

退職給付費用は，将来の退職金支給見込総額のうち当期分を割引現在価値に割引計算した勤務費用，期首退職給付債務に割引率を乗じて計算した利息費用及び未認識差異のうち，決算時に認識すべき部分である未認識差異の償却額の合計から，期首年金資産に期待運用収益率を乗じて計算した期待運用収益を控除したものをいいます。

退職給付会計の会計処理

退職給付会計においては取引に応じて次のような会計処理を行います。

期　首　（借方）退職給付費用　××　（貸方）退職給付引当金　××

退職給付費用の算定には，さまざまな構成要素の計算が必要となりますが通常期首時点での予測数値によって計算するため期首に計上します。

退職一時金支給時

（借方） 退職給付引当金 ×××	（貸方） 現 金 預 金 ×××

退職一時金の支給により退職給付債務が減少し，退職給付引当金も同額減少します。

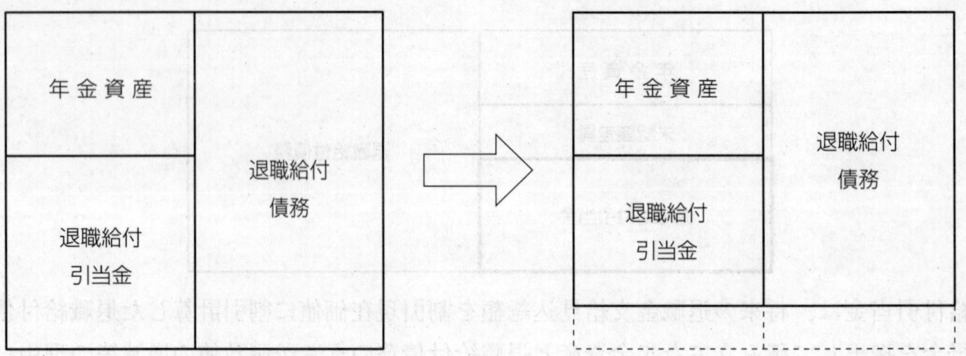

退職年金支給時　仕訳なし

退職年金の支給により退職給付債務が減少し，年金資産も同額減額します。

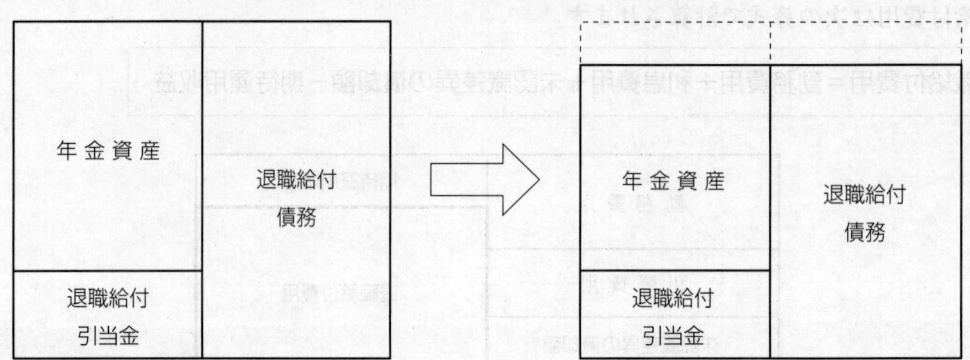

年金掛金支払時

（借方） 退職給付引当金 ×××	（貸方） 現 金 預 金 ×××

年金掛金の支払いにより年金資産が増加し，退職給付引当金は減少します。

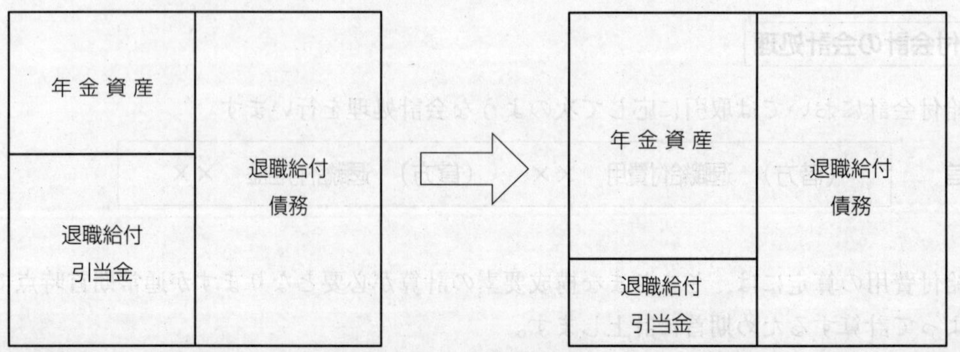

37 税効果会計

税効果会計とは？

会計上の収益・費用と，税務上の益金・損金（税務上，収益となるものを益金，費用として認められるものを損金といいます。）は必ずしも一致はしません。したがって，会計上の利益に税率を乗じた金額と実際の税額との間には差額が生じます。この差額には会計上と税務上の期間認識のズレにより生じるものがあり，その差異を調整する会計上の手段が税効果会計です。損益計算書上の法人税等の税金の額，法人税等の額を適切に期間配分し対応させることを目的としています。

会計と税務では目的が異なるため，"儲け"の数字も異なります。

たとえば，賞与引当金は，会計上は将来発生する可能性が高い費用であり当期の負担分を適正な期間損益計算のため費用計上します。しかし，税務上は，原則として債務の確定したものだけが損金になることとされていますので，引当金のような将来の費用の見越計上額の大半は損金になりません。

税務上の所得を算出する際は，会計上の利益に税務上の損金にならない賞与引当金繰入額をプラスして計算します。

当期利益±申告調整　→　所得金額
10,000＋5,000(賞与引当金繰入超過)＝15,000

たとえば，税効果会計で適用する税率を40%とすると

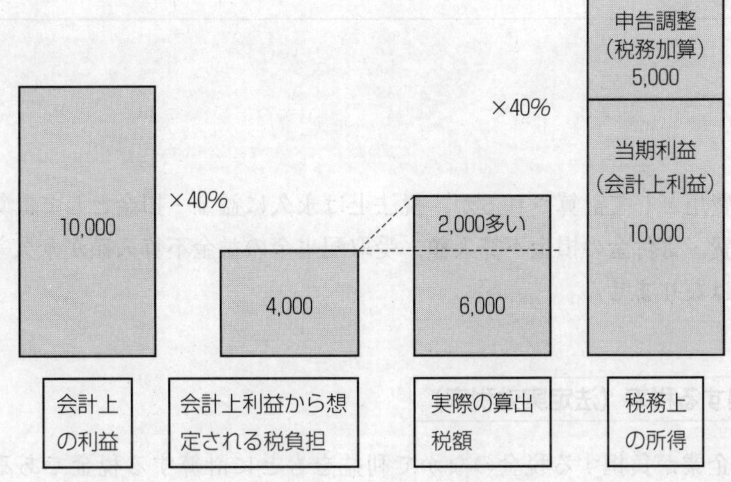

損益計算書 末尾

	（税効果適用なし）	（税効果適用あり）	
税引前当期純利益	10,000	10,000	
法人税等	6,000	6,000	10,000×40%＝4,000
法人税等調整額		△2,000	
当期純利益	4,000	6,000	

税効果適用ありの損益計算書の末尾を見ますと，税引前当期純利益に40％乗じた金額が税負担となっており，会計上の税引前当期利益に対して税率から想定される税負担額が計上されていることがわかります。

税効果の対象となる一時差異

会計上の利益と税法上の利益（所得）の差異が生じた項目のうち，認識時期のズレにより将来解消するものを一時差異といい，解消しないものを永久差異といいます。このうち税効果会計の対象となるものは一時差異に該当するものです。先程の賞与引当金は，実際に賞与を支給したときに解消され損金になるため，一時差異であり，税効果の対象となります。

区　分	一時差異	一時差異に準ずるもの
将来減算一時差異 差異が解消する期の課税所得を減額する効果をもつ	・減価償却費の限度超過額 ・引当金の繰入超過額 ・棚卸資産及び有価証券の評価損否認額 ・貸倒損失否認額 ・未払事業税　等	・税務上の繰越欠損金 ・繰越外国税額控除　等
将来加算一時差異 差異が解消する期の課税所得を増額する効果をもつ	・利益処分による特別償却 ・利益処分による圧縮記帳　等	

永久差異とは？

会計上は収益・費用として計算されるが，税法上は永久に益金・損金として計算されないものです。たとえば交際費・寄付金の損金不算入額，受取配当金の益金不算入額が永久差異に該当し，税効果会計の対象にはなりません。

税効果会計で適用する税率（法定実効税率）

税効果会計は，企業が負担する税金のなかで利益をもとに計算する税金である法人税，住民税（法人税割）及び事業税（所得割）が対象になります。このうち事業税は法人税や住民税と異なり損金になることから，税効果会計で適用する税率はこれらを単純に合算したものを使用するのではなく次に掲げる算式により計算する実効税率を使用します。

$$実効税率=\frac{法人税率\times(1+住民税率)+事業税率}{1+事業税率}$$

たとえば，以下の標準税率を用いて計算すると次のようになります。

法人税　30%

法人住民税　5%（道府県民税）

　12.3%（市町村民税）

事業税　9.6%

$$実効税率=\frac{30\%+30\%\times(5\%+12.3\%)+9.6\%}{1+9.6\%}=40.86\%$$

税効果会計では，一時差異の金額に実効税率を乗じることによって税金の前払額，税金の繰延額を算定します。

会計処理

① 仕訳と計算

〈税金の前払いに該当する差異〉　⇒　将来減算一時差異

将来減算一時差異×実効税率＝繰延税金資産

ここでは実効税率を40%とします。

5,000（賞与引当金繰入超過額）×40%＝2,000

発生年度：

（借方） 繰延税金資産 2,000	（貸方） 法人税等調整額 2,000

解消年度：

（借方） 法人税等調整額 2,000	（貸方） 繰延税金資産 2,000

〈税金の繰延べに該当する差異〉⇒ 将来加算一時差異

将来加算一時差異×実効税率＝繰延税金負債

7,000（圧縮積立金）×40%＝2,800

発生年度：

（借方） 法人税等調整額 2,800	（貸方） 繰延税金負債 2,800

解消年度：

（借方） 繰延税金負債 2,800	（貸方） 法人税等調整額 2,800

② 流動・固定の区分

計算の基礎となった資産・負債の分類に基づいて算出した税効果額を流動資産・負債あるいは固定資産・負債に計上します。

例　賞与引当金，棚卸資産評価損→短期（流動）

　　退職給付引当金，減価償却超過額→長期（固定）

繰越欠損金，外国税額控除については，１年基準により，翌期に解消見込みのものは，流動資産，それ以外は，固定資産になります。

③　相殺表示

流動資産に計上される繰延税金資産と流動負債に計上される繰延税金負債，固定資産に計上される繰延税金資産と固定負債に計上される繰延税金負債とは相殺します。

繰延税金資産の回収可能性

繰延税金資産は，「税金の前払い」という効果を持っていますが，その計上に際しては，前払いした税金を回収できると認められる範囲内に限られ，その回収可能性については，以下の要件に基づいて慎重に検討する必要があります。

①　課税所得が発生する可能性は高いと見込まれるか？

将来減算一時差異の解消年度に法人税上の利益が発生する可能性が高いことが必要であり，事業計画や予算等確かなものが必要となります。

②　具体的な課税所得を発生させるタックスプランニングが存在するか？

タックスプランニングとは，たとえば将来減算一時差異の解消年度や繰越欠損金の繰越期間に含み益のある固定資産や有価証券の売却により課税所得を発生させるなど，将来の税金発生をプランニングすることをいいます。

③　将来加算一時差異の十分性

将来減算一時差異は，課税所得が発生した年度に解消されるだけでなく将来加算一時差異と相殺することもできます。

将来減算一時差異の解消見込額と将来加算一時差異の解消見込額とを各解消見込年度ごとに相殺します。相殺し切れなかった将来減算一時差異は欠損金の繰戻及び繰越期間内の将来加算一時差異と相殺します。よって将来加算一時差異の十分性により繰延税金資産の回収可能性を判断します。

38 連結決算

連結決算を正しく理解しましょう！

上場会社の決算発表や新聞の業績に関する記事はすっかり“連結ベース”のものが主流となりました。10年前頃まではその会社１社だけの業績をあらわす“単体ベース”が主流で，連結ベースをお目にかかることの方が稀でした。親会社が圧倒的に大規模で，子会社の業績はあまり重視されていなかった時代から，持株会社の解禁，株式交換・会社分割などさまざまな組織再編の手段の登場によりグループ戦略が重視される時代へと，今では連結決算はなくてはならないものとして定着したのです。

【単体決算重視であった時代】

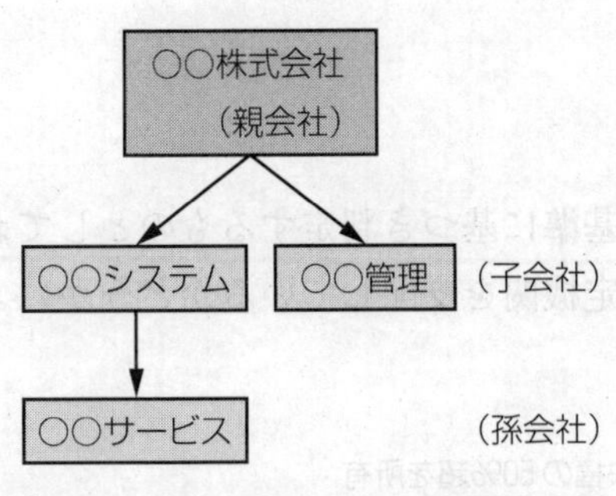

⇒従来の親子会社の関係では，親会社が圧倒的な取引ボリュームを占めており，子会社は付随的な業務を行うというようなケースも多く，子会社の業績はグループ全体の業績判断に重要な影響を及ぼさないことが多かったのです。

【連結決算重視の時代へ】

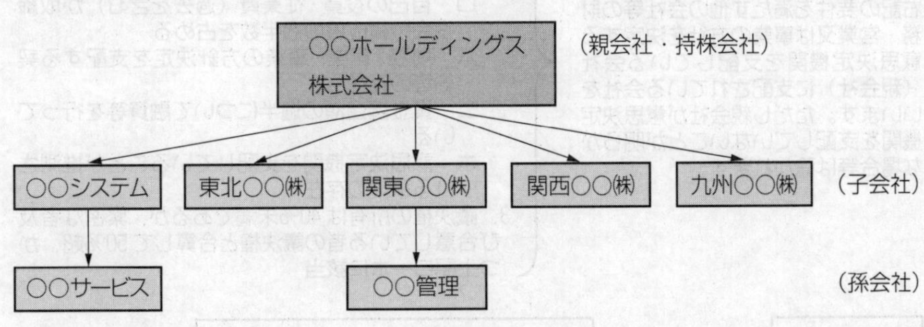

※　上記は，会社分割により従来の親会社の主要な事業が各地域会社に承継され，親会社は各子会社の株式を所有する持株会社となった例を示しています。この他にも業種ごとの再編を行った例や他の手法による再編など，さまざまなパターンが存在します。

⇒　主要な事業は各地域子会社に承継されており，持株会社である親会社単体の業績は大きな意味を持たず，主要な事業を行っている子会社（孫会社）を合算した連結での業績が重要な意味を持つようになります。

どのような会社が連結決算を行わなければならないのでしょうか？

①　会社法では有価証券報告書を提出すべき大会社（資本金５億円以上，又は負債200億円以上の法人）は連結計算書類を作成しなければならないとされています。

②　従来の商法では，大会社に対し連結計算書類の作成を義務づけたうえで，経過措置により大会社のうち有価証券報告書作成会社のみを強制適用としていましたが，会社法では会計監査人設置会社は連結計算書類を作成することができるとしたうえで，上記の通り，有価証券報告書を提出すべき大会社のみが強制適用となっています。

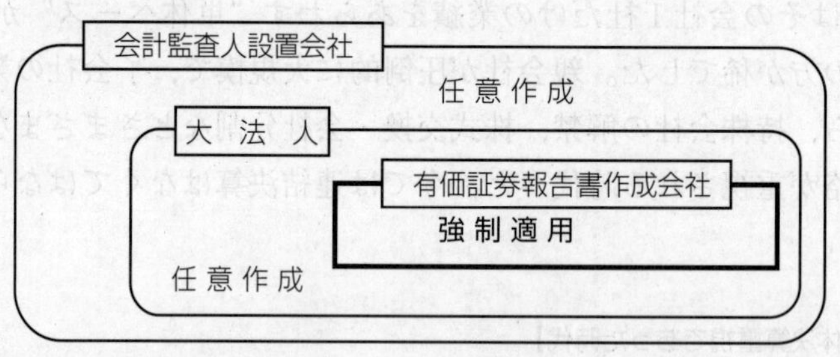

連結すべき会社の範囲とは？

連結財務諸表原則では，連結すべき会社は支配力基準に基づき判定するものとしており，議決権の所有割合以外の要素も加味し，他の会社の意思決定機関を支配しているかどうかにより判定されることとなっています。

子会社の要件

右記の要件を満たす他の会社等の財務・営業又は事業の方針を決定する意思決定機関を支配している会社（親会社）に支配されている会社をいいます。ただし親会社が意思決定機関を支配していないことが明らかな場合等は除かれます。

1. 議決権の50%超を所有
2. 議決権の40%以上，50%以下を所有，かつ以下のいずれかに該当する場合
   - イ　「緊密な者」及び「同意している者」の議決権と合算して50%超
   - ロ　自己の役員・従業員（過去を含む）が取締役会の構成員の過半数を占める
   - ハ　財務・営業・事業の方針決定を支配する契約等の存在
   - ニ　資金調達額の過半について融資等を行っている
   - ホ　意思決定機関を支配していることが推測される事実の存在
3. 議決権の所有は40%未満であるが，緊密な者及び合意している者の議決権と合算して50%超，かつ上記ロ～ホに該当

```
子会社に該当 ──→ 連結子会社に該当し連結対象となる
         └ 例外 → 非連結子会社として連結対象から除外
```
※支配が一時的である場合や重要性が乏しい場合等

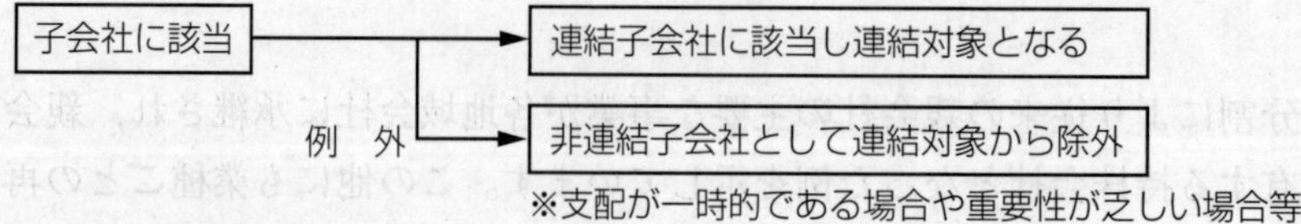

関連会社とは？

連結には上記に該当する連結子会社を連結（完全連結）する場合のほかに，関連会社に該当し，持分法（一行連結）を適用する場合があります。関連会社とは「会社が他の会社等の財務・営業または事業の方針の決定に対して重要な影響を与えることができる場合の当該他の会社等をいう。」とされています。具体的には①議決権の20％以上を所有，②議決権の15％以上20％未満を所有している場合で一定の場合，③議決権所有が15％未満でも緊密な者等の議決権と合算して20％以上であり一定の場合などがあります。また，これに該当する場合でも，明らかに重要な影響を与えられない場合などは関連会社から除かれ，関連会社に該当しても影響が一時的である場合や，重要性が乏しい場合には持分法の適用範囲から除かれます。

連結財務諸表作成の手順

連結財務諸表の作成は，単純に言えば，親会社と連結子会社の財務諸表を合算し，親子会社間で発生した取引（内部取引）やグループ内での資産売却等により生じた未実現損益の消去などを行うことにより完成します。ただし，買収により子会社化した場合などは，子会社化のために株式等を取得した金額と子会社の純資産の金額は通常異なりますし，子会社の勘定科目体系や会計方針は親会社と同じとも限りません。したがって，いくつかの手続（連結精算手続）を経た上で連結財務諸表は作成されます。

① 資本連結

親会社の子会社に対する投資（子会社株式等）と子会社の純資産の親会社持分相当額とを相殺消去する作業です。この手続は連結対象となる子会社の支配を獲得した時点などに行われるものであり，親会社が全額出資により子会社を設立した場合などは，出資時点では「出資額（子会社株式）＝純資産額」ですから，株式と資本金の消去を行うのみとなります。

一方で既存の会社の株式等を購入し，子会社化した場合などは状況が異なります。通常，株式等の購入は時価で行われますが，支配獲得時点での当該子会社の財務諸表上の純資産額は時価で表されていないため，当該子会社の資産及び負債について時価評価を行い，時価純資産価額を算出することとなります。時価純資産価額の持分相当額と株式等の購入価額は通常，同額とはならないことから，消去に当たっての当該差額は連結調整勘定という勘定科目で処理され，計上後20年以内に定額法，その他合理的な方法により消去することとなります。また，持分が100％でない場合の他の者の持分相当は少数株主持分という勘定科目で表示することとなります。

② 内部取引の相殺及び未実現損益の消去

親会社と連結子会社の個別財務諸表を単純合算しただけだと，親子会社間の取引に関し，債権債務や売上と原価が膨らんでしまいます。これを相殺するのが内部取引の相殺です。また，親子会社間で資産の売却などを行った場合には，グループ内に資産が残ったままでも，損益が具現化することになるため，グループ外に資産が売却されるまで，損益計上を繰延べるのが未実現損益の消去です。

③　開 始 仕 訳

連結財務諸表とは，個別財務諸表の積上げにより作成されるものであり，期中の取引そのものを記帳して作成するものではありません。したがって，当期に未実現損益の消去など，連結固有の損益修正を行った場合，この内容は何もしなければ翌期以降の連結財務諸表には反映されないこととなります。このため，連結段階で損益や剰余金に影響を及ぼす修正を行った場合には，翌期以降の連結財務諸表を作成する際に開始仕訳として仕訳をする必要が生じます。また，上記①で述べた資本連結に関する仕訳及び連結調整勘定の償却も何もしなければ連結財務諸表に反映しないため毎期，開始仕訳として反映させる必要があります。

④　そ　の　他

持分法適用の関連会社がある場合には，当該関連会社の純資産の持分相当額により，親会社の投資額を修正する処理を行います。また，連結固有の修正により損益計上額の修正を行った場合などについては，連結固有の税効果が発生する場合があり，繰延税金資産・繰延税金負債の計上額の修正を行うこととなります。

会計方針が異なる場合は？

連結財務諸表を作成する場合には，親会社と連結子会社の会計方針は極力合わせていくこととなります。しかし，親会社の影響力が絶対的でない場合なども想定され，合算前に個別財務諸表を修正するというケースも見受けられますが，最近では，監査において会計方針を統一し，各社の確定決算を作成するよう指導する傾向が強くなってきています。

連結精算表

	個別 T/B 合算		開始仕訳		連結修正		連結 T/B	
	借方	貸方	借方	貸方	借方	貸方	借方	貸方
現金	×××						×××	
普通預金	×××						×××	
売掛金	×××					××	×××	
商品	×××						×××	
有価証券	×××			××			×××	
買掛金		×××			××			×××
未払金		×××						×××

39 会社法決算とは？

会社法とは会社の設立や運営についてのルールを定めた法律です。平成18年5月1日から施行された新しい法律ですので，「新会社法」などと呼ばれたりします。会社法施行前は「商法」，「有限会社法」，「商法特例法」という法律が存在しており，株式会社であれば，商法に基づいて決算を行っておりました。これが統合され，会社法という新しい法律に生まれ変わったのです。

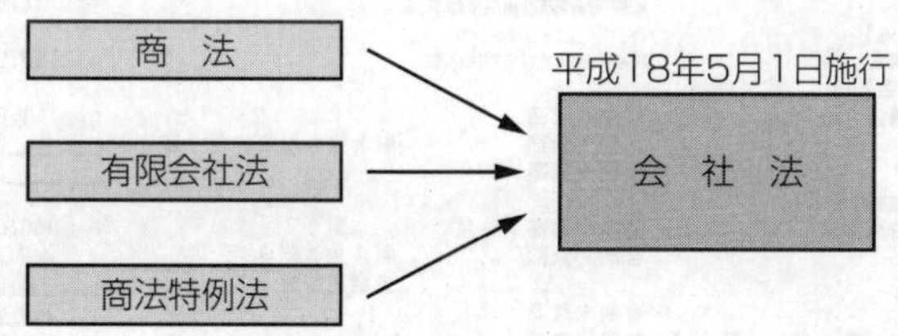

会社法決算って，なにをするの？

会社は会社法に従って各事業年度の計算書類，事業報告，附属明細書を作成しなければなりません。これらの書類は，株主に対して当期の営業成績・財政状況を報告するために作成されるものです。

計算書類ってなに？

計算書類とは貸借対照表，損益計算書，株主資本等変動計算書，個別注記表などのことをいいます。

① **貸借対照表とは会社の資産，負債がいくらあるかを表したものです。**

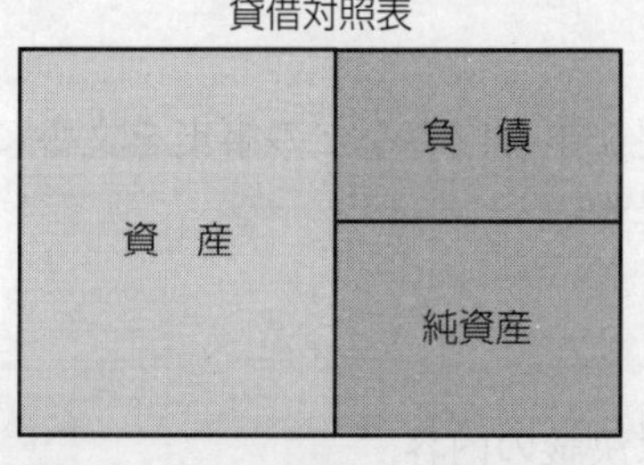

※英語ではBalance sheetと呼ばれることからB/Sという略称で呼ばれます。

②　損益計算書は会社の損益（もうけ）を表したものです。

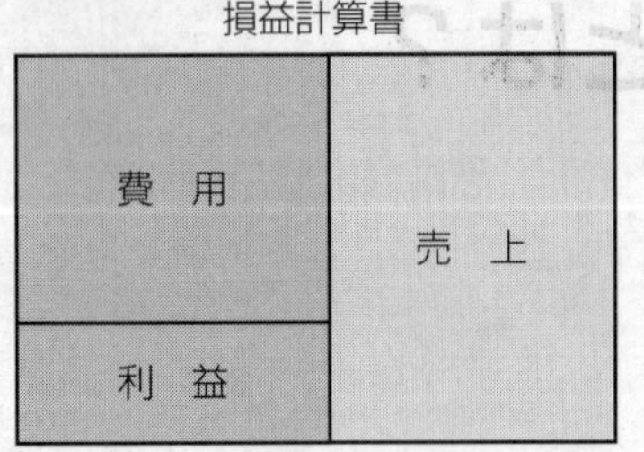

※英語では，Profit and loss Statement と呼ばれていることからP/Lという略称で呼ばれます。

③　株主資本等変動計算書とは資本金や準備金，剰余金の増減など純資産の増減を表す書類です。

株主資本等変動計算書

自　平成18年4月 1日
至　平成19年3月31日

中央ＣＳＡ株式会社

			（単位：　　）
（　株　主　資　本　）			
【資本金】	前期末残高及び当期末残高		10,000,000
【資本剰余金】			
資本準備金	前期末残高及び当期末残高		10,000,000
【利益剰余金】			
利益準備金	前期末残高		1,000,000
	当期変動額	剰余金の配当に伴う積立	200,000
	当期末残高		1,200,000
【その他利益剰余金】			
繰越利益剰余金	前期末残高		150,000,000
	当期変動額	剰余金の配当	▲2,200,000
		当期純利益	3,000,000
	当期末残高		150,800,000
《　純　資　産　合　計　》	前期末残高		171,000,000
	当期変動額		1,000,000
	当期末残高		172,000,000

④　注記表には，貸借対照表や損益計算書を作成するにあたって，こんな基準で作成していますというようなことや，担保に入っている資産がありますというような貸借対照表や損益計算書には現れていない内容などを記載することになっています。

B/S
P/L
商品
土地
この商品はこんな基準で評価しています。
実はこの土地は担保に入ってます。
決算日後に損害賠償請求を受けて係争中です。

事業報告ってなに？

事業報告とは会社にとって重要な事項や主要な事業内容などの事実を文書により報告するものです。具体的には以下のような内容が記載されます。

①　会社の状況に関する重要な事項
②　内部統制システムについての決定または決議の内容

③ 会社の現況に関する事項
④ 会社の会社役員に関する事項
⑤ 会社の株式に関する事項
⑥ 会社の新株予約権等に関する事項

附属明細書ってなに？

附属明細書は計算書類を補足するために作成されるもので，固定資産や引当金の増減などの情報が記載されます。

決算確定とは？

会社は決算日後に株主を召集して定時株主総会を開催します。そこで，先に説明した計算書類について議長がその内容を株主に対して説明し，株主の承認を受けることで決算が確定します。

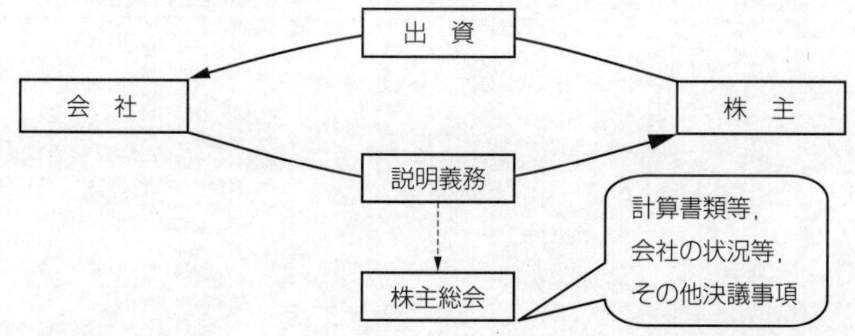

ワンポイントアドバイス

決算日から定時株主総会までのスケジュールを確認しましょう。

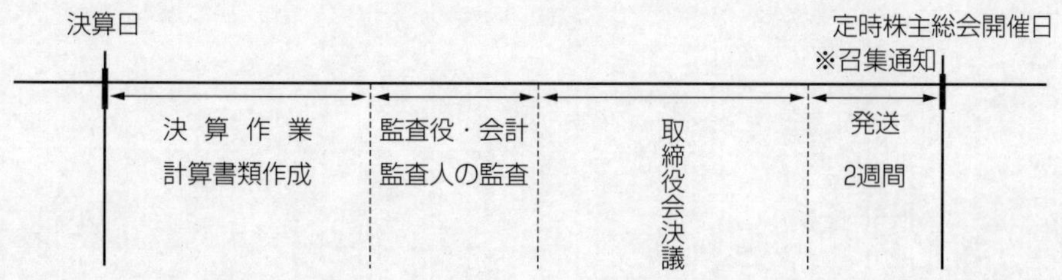

※ 召集通知の発送は総会開催の２週間前までにする必要があります。ただし，会社によっては短縮が可能です。

※ 会社の規模によって若干異なりますが，監査を受けなければならないとか，招集通知の発送はいつまでにしなければならないか，というようなこともすべて法律によって定められています。

決算公告とは？

株式会社は，定時株主総会後，遅滞なく決算公告をする必要があります。公告とは，計算書類を以下のような方法で公表することです。

①　官報に掲載する。
②　日刊新聞紙に掲載する。
③　電子公告をする。

なお，有価証券報告書（詳しくは次章で説明します）を提出しなければならない会社については，EDINET（金融庁の有価証券報告書等の開示書類を閲覧するホームページ）により有価証券報告書及び計算書類等を公開しているため，決算公告義務を課さないこととされています。

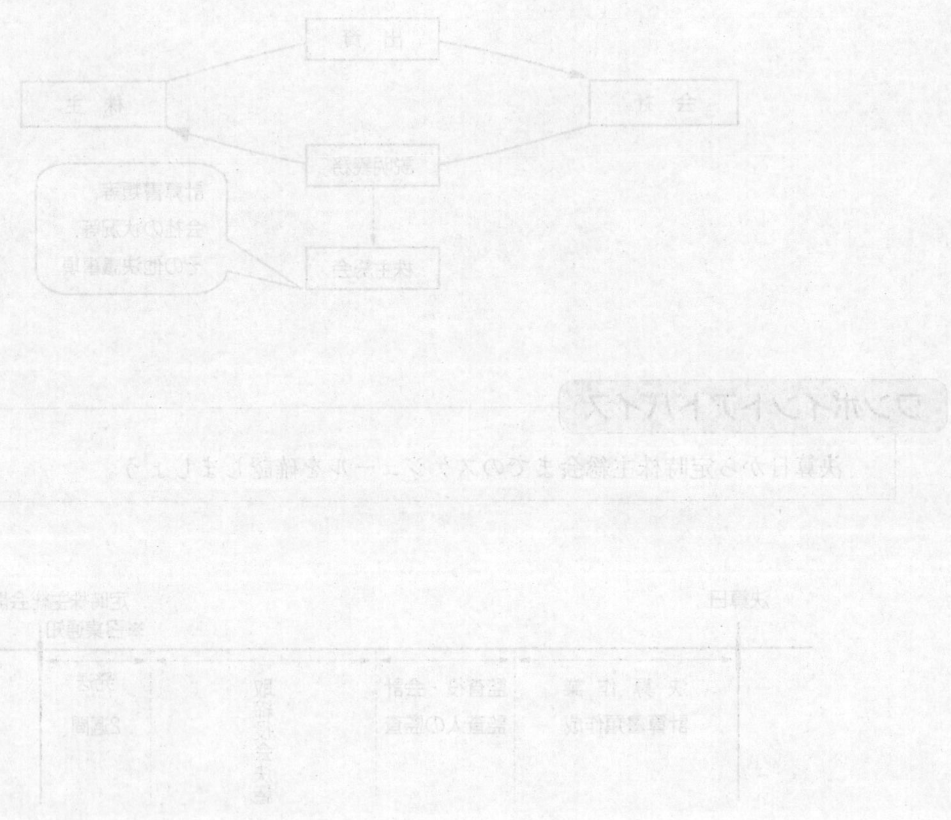

40 公開企業の決算とは？

証券取引法一部改正，金融商品取引法誕生！

つい最近，あるIT企業関連者に対して証取法（しょうとりほう）違反容疑がかけられ大々的にニュースで報じられました。かなり耳にすることも多くなったこの証取法，正しくは「証券取引法」といいます。

平成18年6月にこの「証券取引法」と金融先物等を規制していた「金融先物取引法」とを一元化する法律「金融商品取引法」が国会で成立しました。「金融商品取引法」とは，株式や金融先物等の売買に関するルールを包括した法律で近年問題となっていた投資ファンドに対する扱いや有価証券報告書の虚偽記載への罰則等を強化するなど投資家の保護を徹底することを目的とした法律です。

株式公開企業は，この法律に基づいて有価証券報告書という書類を作成し，金融庁に提出することが義務づけられています。有価証券報告書のことを略して「有報」（ゆうほう）といい，有価証券報告書の半期ベースのものを半期報告書といい，略して「半報」（はんぽう）といいます。

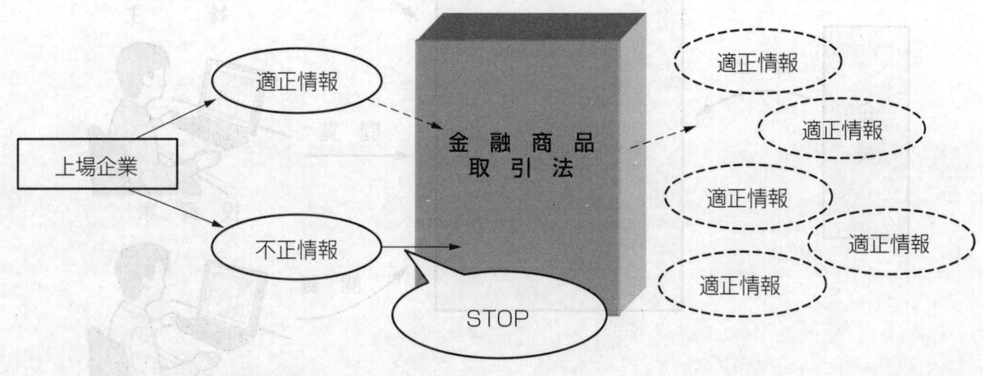

有価証券報告書って，どんなもの？

有価証券報告書は第一部と第二部から構成されていますが，第一部の企業情報がメインで構成されています。この第一部のなかに経理の状況を記載することになります。

経理の状況は連結の財務諸表に関する部分と，単体の財務諸表に関する部分とに分かれていて，連結・個別のそれぞれの貸借対照表，損益計算書，キャッシュフロー計算書等の記載がされています。また，財務諸表の補足事項となる注記事項についても記載が必要です。また，第一部に記載される事項としては他に会社の概況や設備の状況等があり，経理・財務部門だけでなく，IR 部門（STEP UP！参照），関係部門とも連携して作成されます。

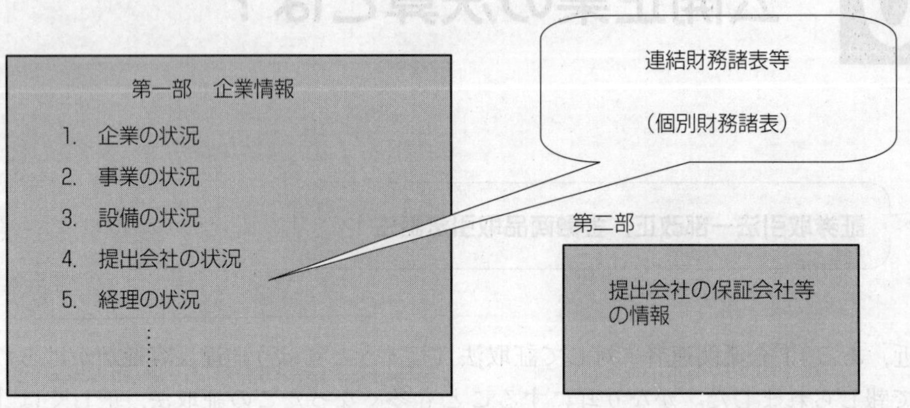

有報を作成したら？

有報を作成したら，作成した書類について公認会計士または監査法人による監査を受けます。作成した有価証券報告書は紙面ではなく，インターネットを通じたオンラインで財務局に提出することになっています。これにより提出された有価証券報告書は EDINET 上で閲覧できる仕組みになっています。

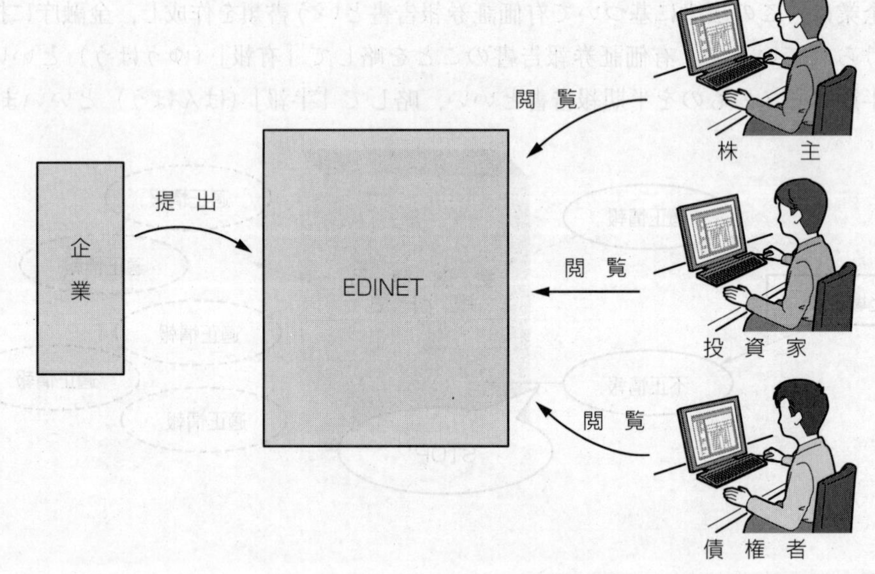

STEP UP!

① 有価証券報告書の作成にあたっては，報告内容の変化や新しい会計基準への対応が求められます。

② 誤った財務内容を開示することにより株主からの信頼だけでなく，顧客からの信頼を失うことのないよう十分に重要性を理解しましょう。

③ IR…Investors Relations の略。投資家向け広報活動のことをいい，投資家に投資判断に必要な情報を開示し，企業活動への理解を深めてもらうことを目的とする活動のことをいいます。決算発表は重要な IR 活動の一つといえます。

5

余力があれば…税務の概要

41 基本は，法人税と消費税

会社が支払わなければならない税金の代表格は法人税と消費税です。ここでは法人税と消費税の概要について説明します。まずは，法人税！

法人税ってなに？

法人税は利益に対してかかる税金です。儲かれば儲かるだけ納税額も多くなりますが，逆に赤字であれば納付する必要はありません。サラリーマンであれば，給料から所得税が天引きされていると思います。サラリーマンの所得にかかる税金が所得税であるのに対して，法人の所得に対してかかる税金が法人税と呼ばれるものなのです。

法人税の仲間たち！

「法人税」というと，国税という税務署（国）に納付する法人税のことを指します。サラリーマンが給料から住民税を天引きされるように法人にも国税とは別に地方税が課されます。それが，法人事業税，法人都道府県民税及び市町村民税です。国税と地方税を総称して会計上は「法人税等」という科目などを使用します。

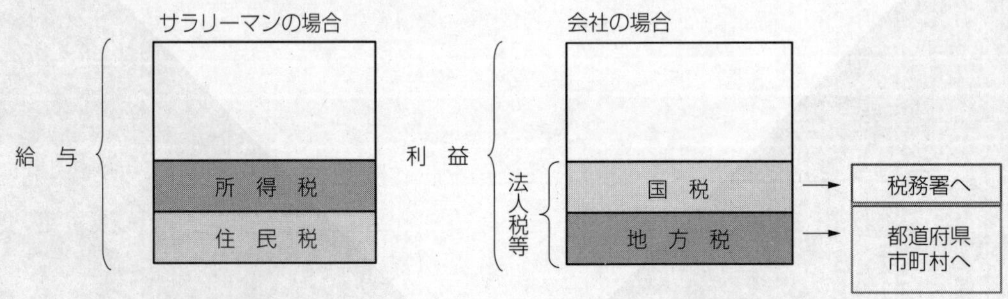

いつ，どのように支払うの？

サラリーマンが給料から毎月税金を天引きされるのと異なり，法人は原則年に１回申告をして納税することになっています。法人税等の申告期限及び納期限は，各事業年度終了の日より２か月以内に定められています。

例．３月決算の会社だとすると…

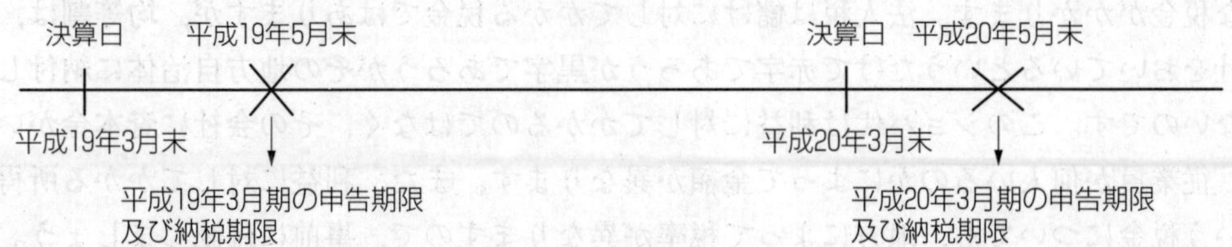

法人税はどうやって計算するの？

法人税は法人の利益に対してかかる税金ですが，決算書上の利益に対してそのまま税率をかけるという計算ではありません。法人税の計算にはいくつか決まりがあり，会計上の利益を税務上の利益（所得）に変換する必要があります。この決算書上の利益を税務上の所得に修正するために調整する金額を足したり引いたりする過程を記載したものが法人税の申告書になります。

この調整の代表的なものが交際費です。あなたの会社は交際費を多額に使っている会社で交際費がなかったら黒字なのに…という会社だったとします。法人税の計算上は交際費について調整が加わりますので，決算書上では赤字なのに納税ということもあるのです。

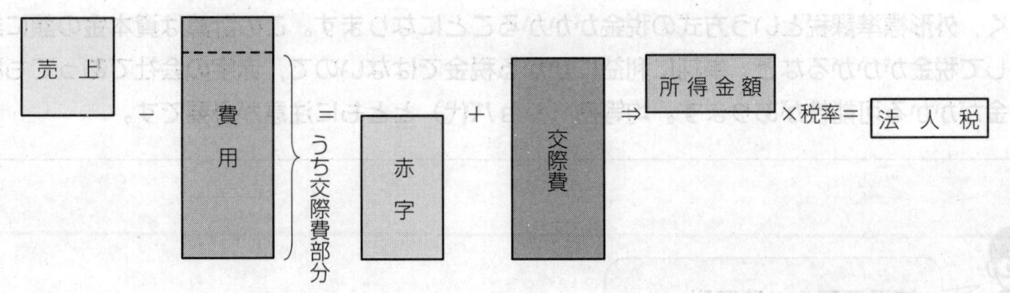

このほかにも税務上の所得を導き出すためにはたくさんの決まりがあります。これらの計算は法律に定められているところによるのですが，同じ取引であっても解釈が分かれるようなものもあり，新聞で「○○株式会社が税務調査に入られ追徴課税」というような記事の本文によくみかける「見解の相違」というのはこの調整計算のなかの解釈の違いから生まれるものなのです。

税務上の所得の計算においては決算書上では費用として記載されているものでも認められないものがいくつかあります。この申告書の調整で決算書にプラスする調整を「加算する」「否認する」などといったりします。逆にマイナスする調整を「減算する」「認容する」などといい，会計上の所得を税務上の所得に調整する足し引きを総称して「税務調整」といいます。もしも，電車でとなりの中年の男性と若い女性が，ひにんする，しないなどと話していたとしたら，それは不倫カップルではなく，経理部の上司・部下なのかもしれません。不倫カップルかもしれませんが……。

地方税の計算はどうやって計算するの？

地方税には法人事業税と法人都道府県民税，法人市町村民税があります。ここで使用する所得は国税である法人税を計算する際に導き出した所得や税額を使用するため，多少の調整は必要なものの，法人税の申告書ができれば，ほぼ地方税の申告書も完成！ということになります。

ただ，気をつけなければいけないのは法人都道府県民税・市町村民税には均等割というショバ代のような税金がかかります。法人税は儲けに対してかかる税金ではありますが，均等割は，その地域に会社をおいているというだけで赤字であろうが黒字であろうがその地方自治体に納付しなければならないのです。このショバ代は利益に対してかかるのではなく，その会社に資本金がいくらあるのか，従業員が何人いるのかによって金額が異なります。また，利益に対してかかる所得割，事業税という税金についても，地方によって税率が異なりますので，事前に確認しましょう。

STEP UP!

① 申告期限は基本的には各事業年度終了の日より2か月以内とされていますが，所定の届出を期限内に提出することにより提出期限を延長することが可能です。
② 納税は基本的に年1回ですが，前年に一定額以上の納税をしている会社は途中（中間期末から2か月以内）で前年度の税額の半額等を納税をし，その後確定申告期限の際に確定税額から途中の納税分を差し引いて納税をします。
③ 地方では，その地方自治体独自で特別の税金を課している場合があります。事前に確認しましょう。
④ 資本金 1 億円超の会社については事業税が単純に利益に対してかかる税金計算ではなく，外形標準課税という方式の税金がかかることになります。この計算は資本金の額に対して税金がかかるなど，単純に利益にかかる税金ではないので，赤字の会社であっても税金がかかる可能性があります。均等割（ショバ代）とともに注意が必要です。

結構重要！　消費税

消費税ってなに？

消費税は法人税のように利益に対してかかるというものではありません。消費税は消費者の払ったお金を会社が預かり，消費者の代わりに納税するという仕組みになっています。

たとえば，あなたが買ったこの本が税込みで21,000円だったとします（ありえませんが，そんな高価だけど買いたい本があったらいいなという妄想もこめて)。書店は出版社から税込みで10,500円で仕入れたとします。そうすると，書店はあなたが払った消費税1,000円から自分が仕入れのときに支払った500円を引いて税務署に500円納税します。そして，その先の出版社でも書店からもらった消費税500円から自分で原稿料として支払った消費税250円をひいて250円納税します。そして，その先のCSアカウンティングでは仮に費用がかかっていなかったと仮定すると，もらった250円を納税します。結果的に書店，出版社，CSアカウンティングの納税合計額は500円+250円+250円=1,000円ということになり，あなたが支払った1,000円をそれぞれが分散して納税しているに過ぎないのです。法人税の負担者は会社であるのに対し，消費税の負担者は消費者ひとりひとりということになります。会社は代理で納付しているに過ぎないのです。

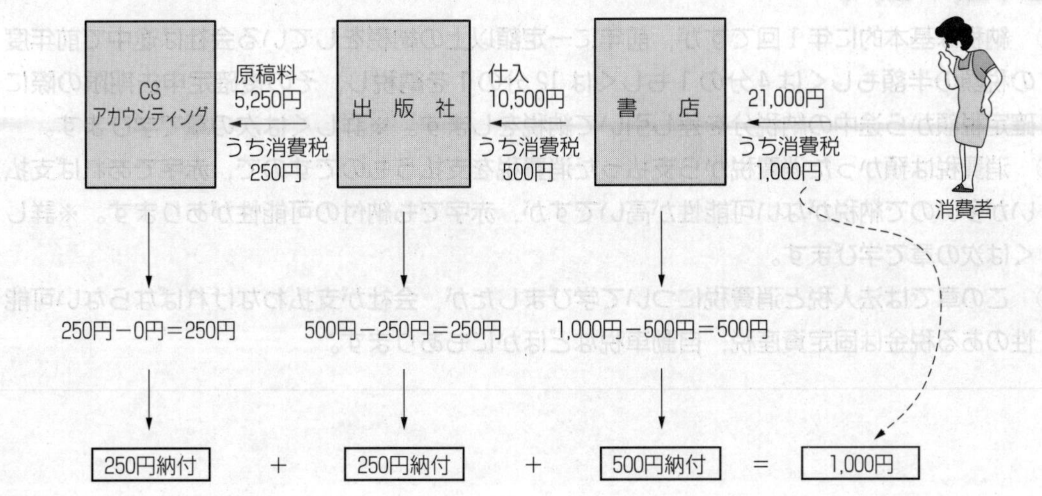

消費税も法人税と同じように国税と地方税に分かれます。実は消費税の5％というのは国税4％＋地方税1％という内訳になっているのです。ただし，法人税と違って申告も納税も税務署に一括して行い，税務署側で分けることになっています。

		国税		地方税
5％	＝	4％	＋	1％

いつ，どのように支払うの？

法人税と同様に各事業年度終了の日より2ケ月以内に申告書を提出し，納税することになります。ただし，法人税と異なり申告書の提出期限の延長制度はありません。

消費税はどうやって計算するの？

預ったものと支払ったものの差額なんだから簡単！と思いがちですが実は結構奥が深いです。詳しい計算は次の章で勉強しましょう。

STEP UP!

①　納税は基本的に年１回ですが，前年に一定額以上の納税をしている会社は途中で前年度の税額の半額もしくは４分の１もしくは 12 分の１を納税し，その後確定申告期限の際に確定税額から途中の納税分を差し引いて納税をします。※詳しくは次の章で学びます。

②　消費税は預かった消費税から支払った消費税を支払うものですので，赤字であれば支払いが多いので納税がない可能性が高いですが，赤字でも納付の可能性があります。※詳しくは次の章で学びます。

③　この章では法人税と消費税について学びましたが，会社が支払わなければならない可能性のある税金は固定資産税，自動車税などほかにもあります。

42 消費税の仕組みを理解しよう

消費税がかかる取引とかからない取引があります。違いを正しく理解しましょう！

消費税の対象となるのは「①国内において，②事業者（会社）が事業として，③対価（金銭等）を得て行う，④資産の譲渡・役務の提供（商品の販売やサービスの提供）」の４要件すべてを満たした取引です。

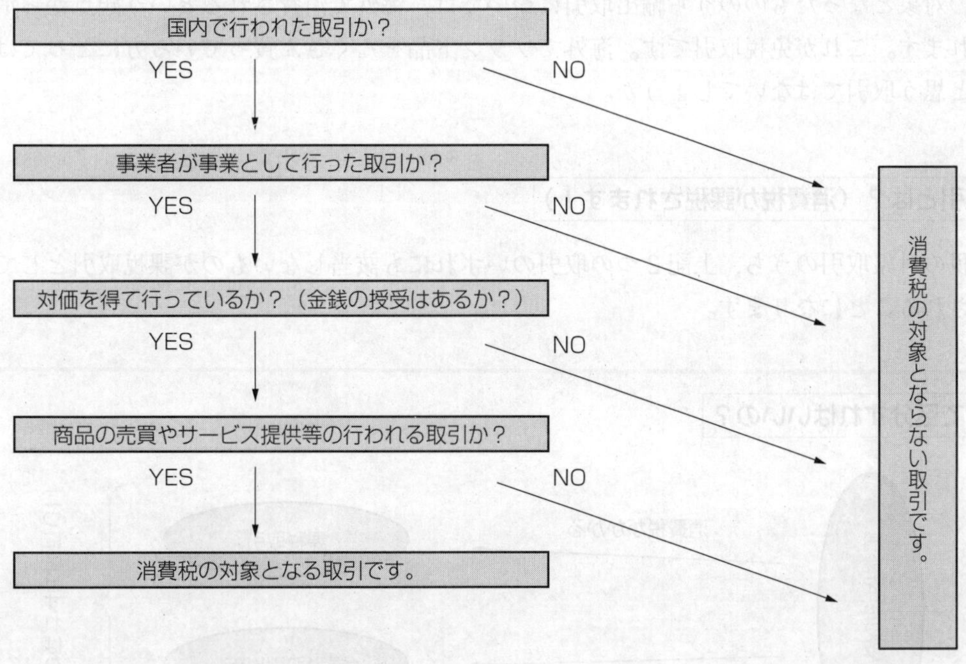

国内で行われた取引か？
YES
NO
事業者が事業として行った取引か？
YES
NO
対価を得て行っているか？（金銭の授受はあるか？）
YES
NO
商品の売買やサービス提供等の行われる取引か？
YES
NO
消費税の対象となる取引です。
消費税の対象とならない取引です。

対象となった取引をさらに区分しましょう。

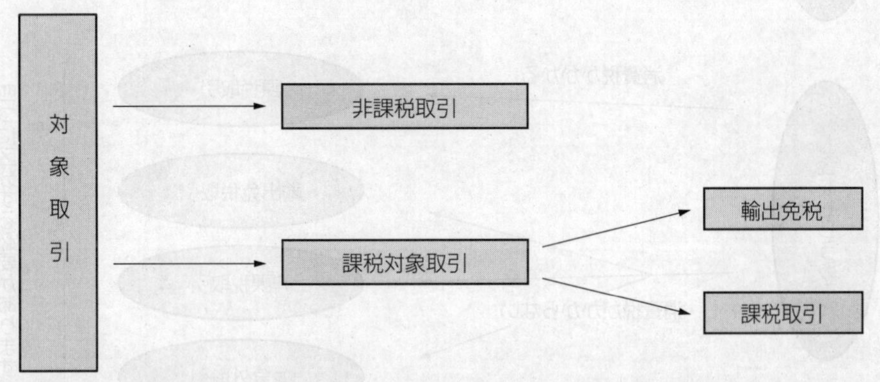

対象取引
非課税取引
課税対象取引
輸出免税
課税取引

非課税取引とは？（消費税が課税されない取引です。）

消費税の対象とはなるものの，非課税とされるという取引があります。これは大別すると以下の2つに分かれます。

①　社会政策的配慮から非課税とされるもの（全部で８項目あります。）

助産費用や埋葬費用，教科用図書や住宅の貸付などがあります。こういった通常の生活に必要なものにまでは負担を求めないようにしようという配慮から非課税とされています。

②　消費という概念にそぐわないものとして非課税とされるもの（全部で５項目あります。）

土地の売買や更地の貸付，利子，行政手数料，有価証券の譲渡などがあります。これは，たとえば土地などは消費するという概念になじみませんよね。そのような観点から非課税となっています。

免税取引とは？（消費税の課税対象ですが，免除されます。）

課税の対象となったもののうち輸出取引については，海外で消費されるという観点から消費税が免除されます。これが免税取引です。海外でブランド品をたくさん買っている方にとっては，なるほど！と思う取引ではないでしょうか。

課税取引とは？（消費税が課税されます！）

消費税の対象取引のうち，上記２つの取引のいずれにも該当しないものが課税取引として消費税を課税されることになります。

どこまで区分すればいいの？

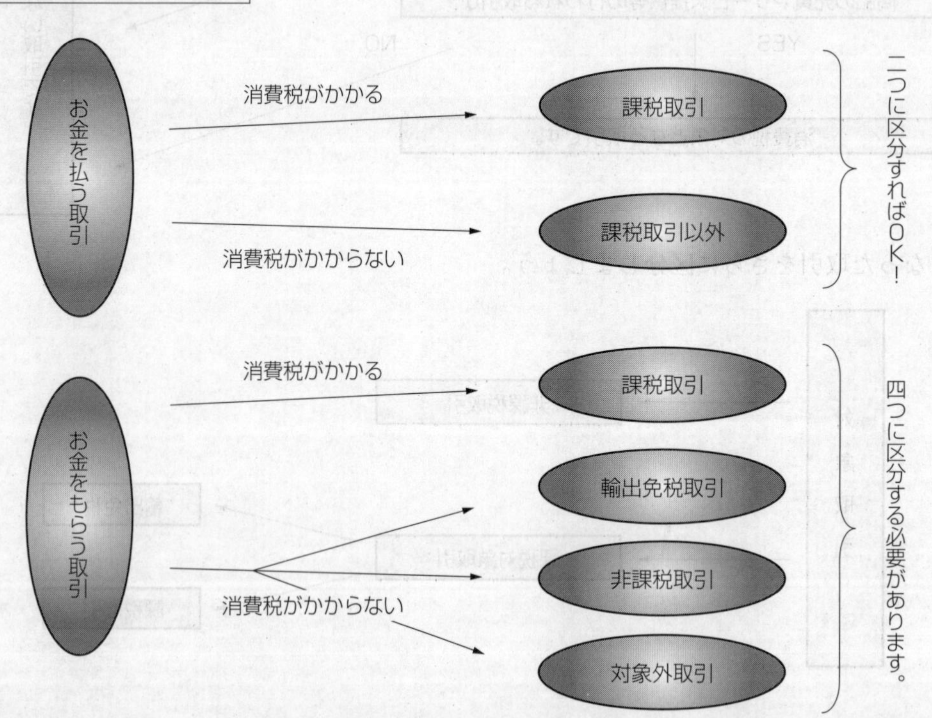

売上は，なぜ４つに区分する必要があるの？

対象外も非課税も免税も，結局はすべて消費税のかからない取引です。仕入は消費税がかかるかかからないかだけ，区分すればいいのに対して，なぜ売上は４つに区分する必要があるのでしょうか？それは，「課税売上割合」（STEP UP！参照）という計算に必要になるからなのです。

ここまでのポイント

① 消費税がかかる取引とかからない取引がある。
② お金を払う取引については消費税がかかるか，かからないかの２つに区分する。
③ お金をもらう取引については，課税，免税，非課税，対象外の４つに区分する。

あとは,「受け取った消費税－支払った消費税＝納税額」という算式で納税額を計算するのみです。

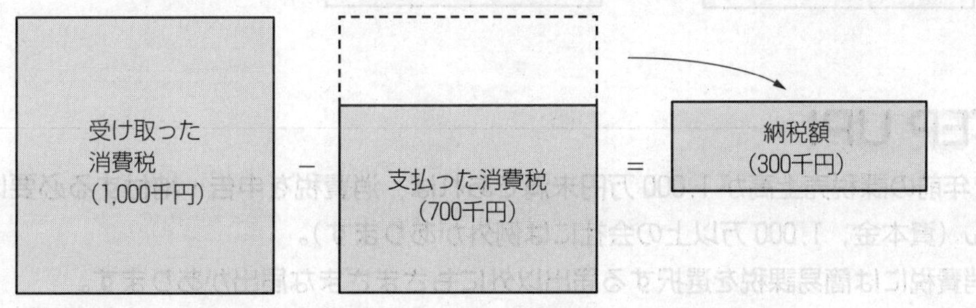

※　支払った消費税の方が受け取った消費税よりも多い場合は税金を納めるのではなく，税務署からお金を還付してもらうことができます。

消費税の計算は２種類

消費税の計算には原則課税と簡易課税という２つの計算方法があります。今までみてきたのは原則課税といわれるものです。簡易課税は，その名のとおりとっても簡単ですが，一定の要件に該当しなければ選択することはできず，選択するためには所定の期日までに届出の提出が必要です。

※　**簡易課税……受け取った消費税－受け取った消費税×みなし仕入率＝納税額**

簡易課税なら売上のみきちんと区分すればOK！

簡易課税は受け取った消費税だけを基準に計算する方法です。つまり収入の消費税さえ把握できれば計算は終了です。また，課税売上割合の計算も不要なので，収入についても消費税がかかるか，かからないかということのみ区分すればよいことになります。

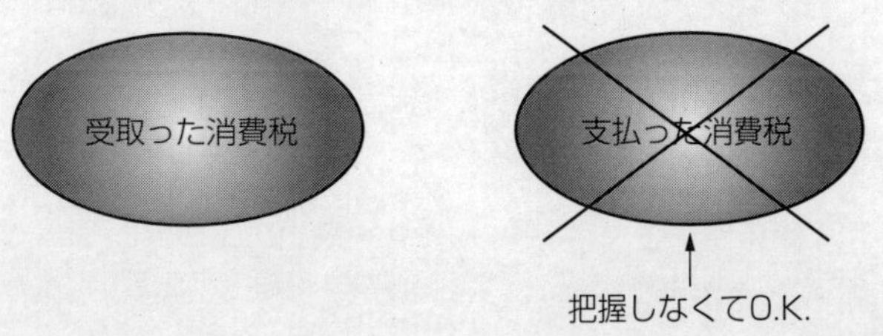

例）簡易課税を選択している卸売業の会社で課税売上が10,000千円の場合

受け取った消費税(10,000千円×5%＝500千円)－受け取った消費税×みなし仕入率(500千円×90%＝450千円)＝50千円(納税額)

※　みなし仕入率は業種によって変わります。卸売業のみなし仕入率は90%です。

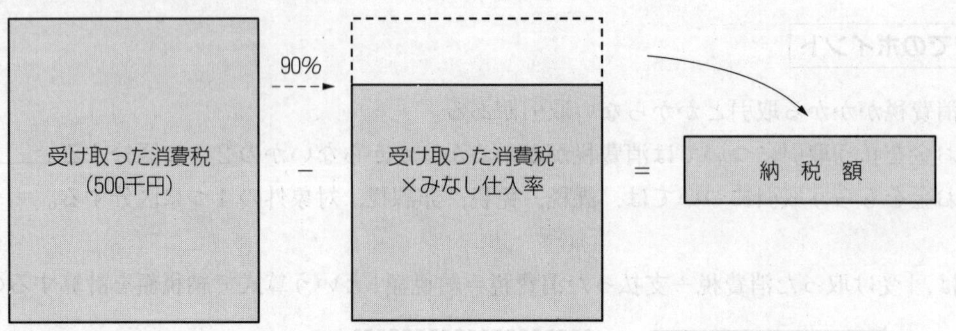

STEP UP!

① 2年前の課税売上高が1,000万円未満であれば，消費税を申告・納付する必要はありません（資本金，1,000万以上の会社には例外があります）。

② 消費税には簡易課税を選択する届出以外にもさまざまな届出があります。

③ 課税売上割合とは，消費税の対象取引（非課税取引＋免税取引＋課税取引）のうちに課税対象取引（免税取引＋課税取引）の占める割合のことをいいます。

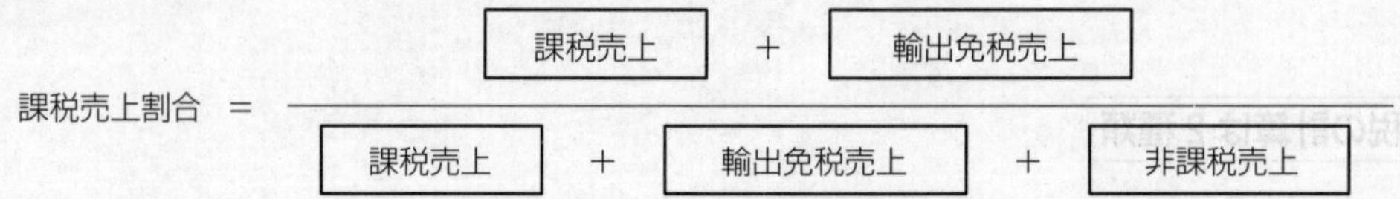

課税売上割合　＝
課税売上　＋　輸出免税売上
課税売上　＋　輸出免税売上　＋　非課税売上

④ 課税売上割合が95%未満の場合には，課税取引の費用についてさらに細かく区分する必要があります（ただし，一定の業種等でなければ該当する可能性が低いのでこの章では，課税売上割合95%以上を前提に説明をしています）。

⑤ 中間納付は法人税と異なり，前年の納税額により，半期に1回・四半期ごとに納付の計3回・毎月納付の計11回の3種類に分けられます。納税額によっては回数も多いので資金繰り上，忘れずに考慮しましょう。

⑥ 輸入取引には輸入消費税というものがかかります。

43 交際費・寄付金について

みなさんの会社で，経費などを支払うときに，これは交際費じゃないの？とか寄付金にならないだろうか？という話を聞いたことがあるかと思います。なぜ，交際費・寄付金に注意しなければならないのでしょうか？

交際費・寄付金は税金の計算に関係がある！

会社は決算が終了した後，その事業年度のもうけに対して税金（法人税など）を国に納付しなければなりません。交際費や寄付金はこの税金の計算をするときに，一定の調整をしなければならないことになっているのです。

税金の計算について（法人税の場合）

税金の計算はその年度の会社の利益（損益計算書の当期利益）に税金計算上の調整をした利益（課税所得といいます）に30% を乗じて計算されます。税率は資本金などにより決定されます。交際費は，この税金計算上の利益（課税所得）を計算するときに，経費として計算しないことになっているのです。

たとえば，当期の利益が10,000円，経費のなかに交際費が3,000円あったとします。この場合，交際費は税金計算上の経費として認められないため，交際費の支出がなかったものとして，つまり利益に加算して所得を計算します。

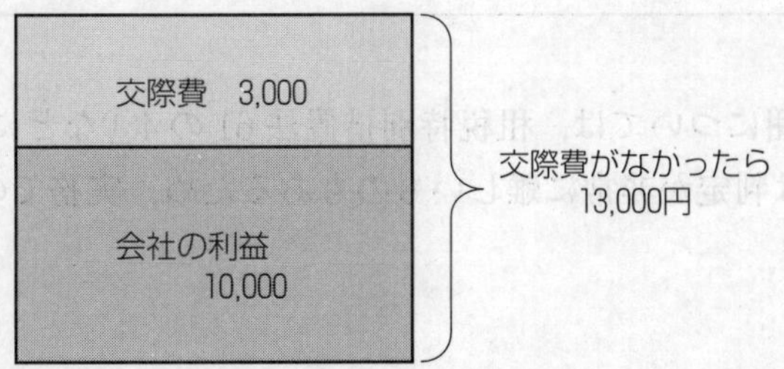

この結果，法人税 13,000 円×30％＝3,900 円となります。

つまり，交際費分の 3,000 円×30％＝900 円は，会社は経費としてお金を支出していても税金がかかってしまうということなのです。

仮に，上記の例で，会社の利益が0だったとします。ところが，交際費は税金計算上経費としては認められませんので，税金計算上の課税所得は3,000円（当期の利益0円に税金計算上経費と認められない3,000円を加えた金額）となり，法人税は900円となります。しかし，利益が0ということはお金もたまっていないということですので，会社にはお金がないのに，税金を納付しなければならないということになります。

つまり，税務上の交際費としての支出が多いということは，会社のとっての税負担がとても大きいということなのです。

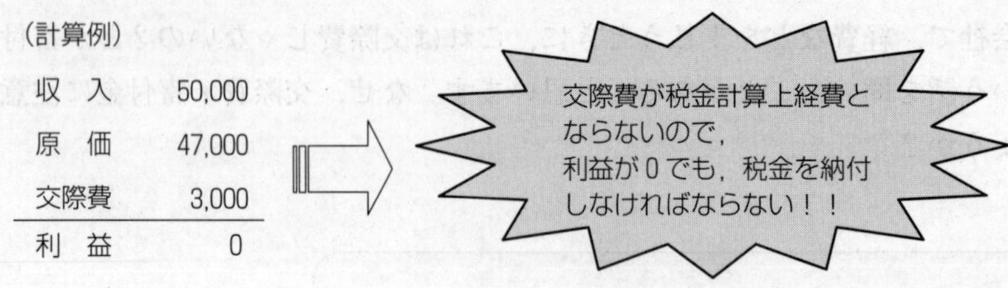

（計算例）
収　入　50,000
原　価　47,000
交際費　3,000
利　益　0
交際費が税金計算上経費とならないので，
利益が0でも，税金を納付しなければならない！！

交際費等として加算する金額

交際費として支出した金額について，必ずしも全額が税金計算上経費として認められないわけではありません。たとえば，期末における資本金の額が１億円以下の法人については，以下の金額が経費として認められない金額となります。

（期末資本金が１億円以下の会社）
① 交際費の額が400万円以下の場合
⇒ 交際費の額×10%
② 交際費の額が400万円超の場合
⇒（交際費の額－400万円）＋(400万円×10%)

期末資本金が１億円以下の法人の場合には，支出した交際費等の額のうち，一定の金額までが税金計算上の経費として認められます！

税務上の交際費等の範囲については，租税特別措置法61の4③などにより規程されておりますが，費用の中身によっては判定が非常に難しいものもあるため，実務での交際費の判定は慎重に行う必要があります。

寄付金の計算について

交際費に計算方法があるように，寄付金にも一定の算式があります。この，一定の算式により計算をした限度額を超えて寄付金を支払っている場合には，交際費と同様，税金計算上の経費に算入することはできません。

もし，支出した寄付金の全額が経費として認められないと……

上記のように，利益（お金）が０円でも，税金を納付しなければならなくなります。そこで，一般的には交際費と同様，寄付金にも注意をしているのです。

経費扱いになる寄付金

次のような寄付金は，税金計算上の経費として扱われます。

①　赤十字社に対する寄付金

②　共同募金に対する寄付金

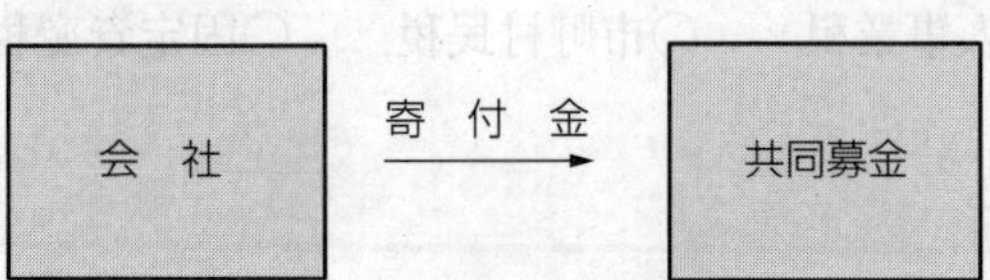

その他にも，寄付金の種類によって，税金計算上経費扱いになるものがあります。

44 租税公課

税金の性質で各種税金を分類しましょう！

納付先の違いによる分類

税金には，納付する先によって大きく２種類あります。国に納める税金（国税）と都道府県や市町村に納める税金（地方税）があります。

国税（会社に関係のあるもの）
○法人税　○消費税　○印紙税　○登録免許税　など

地方税（会社に関係のあるもの）
○都道府県民税　○法人事業税　○市町村民税　○固定資産税　など

課税方式の違いによる分類

納税者自らが申告する方法により税額が決定するもの（申告納税方式）と税務署などが税額を決定して通知するもの（賦課課税方式）があります。

損金算入の可否

税金の計算上経費（損金）として扱われるものと，経費（損金）として扱われないものがあります。

税金の計算上，この経費として扱われないものを調整する必要があります。

損金になるもの
○消費税　○印紙税　○登録免許税　○法人事業税　○固定資産税　など

損金にならないもの
○法人税　○都道府県民税　○市町村民税　など

※　利益をもとに計算される税金は原則として損金にならないのです。

税金の計算方法による違い

税金の計算の基礎となる金額（課税標準）には，法人税などのように，会社の利益が計算の基礎になるものと，固定資産税などのように，所有している財産価値などが計算の基礎になるものがあります。

税金計算において経費にならない……とはどういうことでしょうか？

具体例を見てみましょう

1期目と2期目の会計上の利益が同じ金額だったとします。

（1期目）		（2期目）		
収　　入	50,000	収　　入	50,000	
原　　価	47,000	原　　価	47,000	
法　人　税	0	法　人　税	1,200	←1期目の支払
当期利益	3,000	当期利益	1,800	

（1期目の法人税）—支払いは2期目

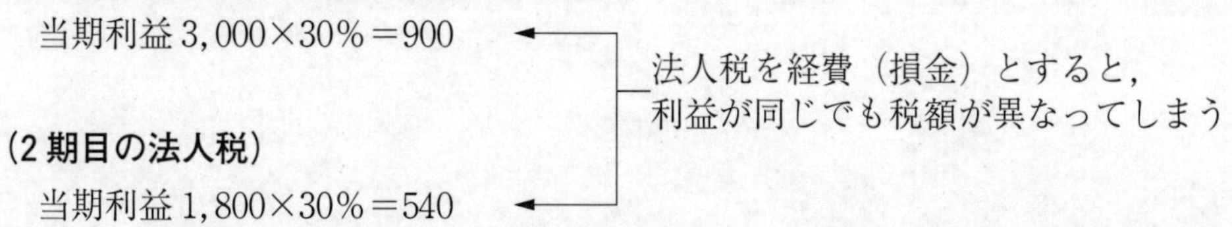

法人税を経費としない，ということは，当期利益＋法人税＝税引前利益を計算の基礎とするため，実際には，

(1,800＋1,200)×40%＝1,200となります。

2期目に1期目の法人税を支払うのは何故か？

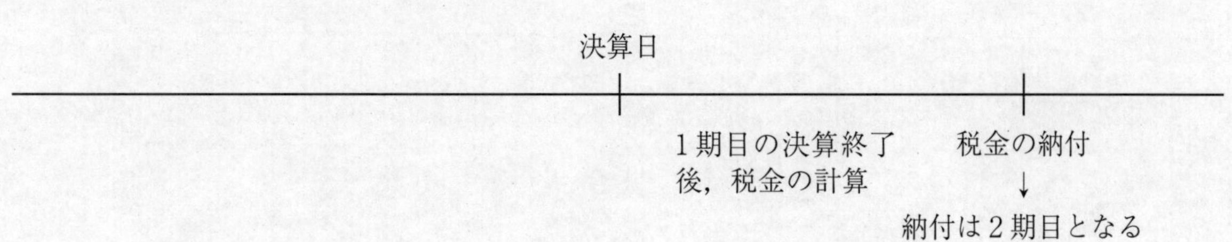

税金の計算方法による違い

税金の計算の基礎となる金額（課税標準）には、法人税などのように、会社の利益が計算の基礎になるものと、固定資産税などのように、所有している財産価値などが計算の基礎になるものがあります。

税金計算において経費にならない……とはどういうことでしょうか？

具体例を見てみましょう。

1期目と2期目の会計上の利益が同じ金額だったとします。

(1期目)		(2期目)		
収入	50,000	収入	50,000	
原価	47,000	原価	47,000	
法人税	0	法人税	1,200	←1期目の支払
当期利益	3,000	当期利益	1,800	

(1期目の法人税)—支払いは2期目

当期利益3,000×30%＝900

法人税を経費（損金）とすると、利益が同じでも税額が異なってしまう

(2期目の法人税)

当期利益1,800×30%＝540

法人税を経費としない、ということは、当期利益＋法人税＝税引前利益を計算の基礎とするため、実際には、

(1,800＋1,200)×40%＝1,200となります。

2期目に1期目の法人税を支払うのは何故か？

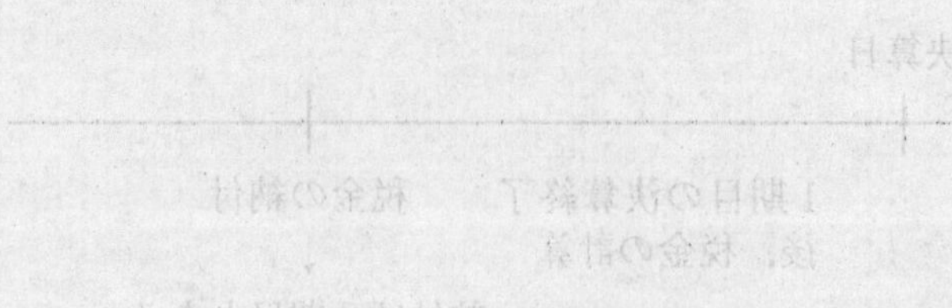

6

経理マンはバランスが大切！

～求められるスキル

45 経理スタッフに重要なスキル

経理という職種はさまざまな，専門的知識が必要とされる職種です。会計・税務の専門家としては，公認会計士や税理士などがありますが，会計や税務の知識以外にも資金繰りや予算作成などがあります。

会社の経理スタッフにとって必要な知識！

ここでは，一般的に会社の経理スタッフが必要とされるスキルについて，紹介したいと思います。

① 財務会計（制度会計）

会社は事業年度の終了後，決算書を作成する必要があります。この決算書は法律に基づき作成する必要がありますので，関係する法律に精通する必要があります。

② 税　務

交際費をはじめとして，税金の計算上考慮しなければならない項目があります。会計上は費用となっても，税金の計算上は費用とならない項目は会社の資金繰りにも影響がありますので，会社が関係する税法に精通する必要があります。

③ 資金繰り

会社の営業活動は，常にお金のやりとりが関係しています。そこで，会計処理とは別に，日々の資金状況（残高）および将来の資金繰りを把握しておく必要があります。

④ 管理会計

会社の経営状況が良好か否か，財務会計で作成する財務諸表などに加えて，会社は経営管理に必要な資料を作成します。財務会計とは違い，法律などに規制されないため，会社が自由にフォームを決めて作成することができます。

STEP UP!

◆企業経理スタッフに必要なスキル！

① 財務会計（制度会計）
「法律に基づき，正しく決算書を作成するスキル」
⇒46具体例へ！

② 税務
「交際費など，税金計算に必要な知識」
⇒47具体例へ！

③ 資金繰り
「営業活動に必要な資金の残高を把握する」
⇒48具体例へ！

④ 管理会計
「経営判断に必要な資料の作成」
⇒49具体例へ！

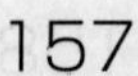

46 財務会計（制度会計）

財務会計（制度会計）は，経理マンにとっては，重要なスキルの1つ！

会社が法律に基づいて財務諸表を作成しなければならない場合にその作成の基礎となる会計のルールを指します。したがって，経理担当者は各法律に定められるルールに精通する必要があります。

会社が決算などで適用される法律は，大きく以下のものがあります。財務諸表のひな型で，イメージして下さい。

会社法

株式会社などは，決算終了後，会社法という法律に基づいて決算書などを作成しなければなりません。作成をしなければならない主な財務諸表には次のようなものがあります。

Ⅰ．貸借対照表

平成19年　3月31日現在

（単位：円）

資産の部		負債の部	
科目	金額	科目	金額
Ⅰ　流動資産	〈2,872,160,739〉	Ⅰ　流動負債	〈3,343,179,050〉
現金預金	870,374,248	支払手形	2,000,389,215
売掛金	305,665,557	買掛金	373,295,122
商品	1,659,628,038	短期借入金	48,000,000
貯蔵品	13,940,333	一年以内返済予定長期借入金	665,376,000
貸付金	19,800,000	一年以内償還予定社債	70,000,000
未収金	72,879	未払費用	111,195,418
前払費用	5,239,668	未払法人税等等	18,500,000
仮払金	202,016	未払消費税等	20,097,300
貸倒引当金	△ 2,762,000	預り金	36,325,995
Ⅱ　固定資産	〈1,795,666,747〉	Ⅱ　固定負債	〈721,864,937〉
1．有形固定資産	(611,288,186)	長期借入金	590,922,000
建物	18,189,807	社債	95,000,000
設備造作	298,318,147	退職給付引当金	35,942,937
車輌運搬具	1,316,483	負債の部合計	4,065,043,987
器具備品	90,219,421	純資産の部	
一括償却資産	13,834,924	Ⅰ　株主資本	〈601,783,499〉
土地	189,409,404	1．資本金	(80,000,000)
2．無形固定資産	(78,696,538)		
借地権	55,380,050	2．資本剰余金	(　0　)
電話加入権	22,561,904	(1)　資本準備金	(521,783,499)
ソフトウェア	754,584		20,000,000
		3．利益剰余金	
3．投資その他の資産	(1,105,682,023)	(1)　利益準備金	445,000,000
投資有価証券	69,207,460	(2)　その他利益剰余金	56,783,499
出資金	57,723,880	別途積立金	
保証金	236,163,594	繰越利益剰余金	
敷金	622,763,150		
保険積立金	119,823,939	4．自己株式	
		純資産の部合計	601,783,499
資産の部合計	4,667,827,486	負債・純資産の部合計	4,666,827,486

Ⅱ．損益計算書

自　平成18年 4月 1日
至　平成19年 3月31日

（単位：円）

売上高		10,131,821,202
売上原価		6,630,551,384
売上総利益金額		3,501,269,818
販売費及び一般管理費		3,336,690,852
営業利益		164,578,966
営業外収益		
受取利息配当金	352,836	
貸倒引当金戻入	2,420,000	
受取地代家賃	33,937,100	
雑収入	9,963,451	46,673,387
営業外費用		
支払利息	48,395,112	
社債利息	3,134,889	
貸倒引当金繰入	2,762,000	
雑損失	2,414,935	56,706,936
経常利益		154,545,417
特別利益		
固定資産売却益	516,000	516,000
特別損失		
固定資産除却損	87,288,018	87,288,018
税引前当期純利益		67,773,399
法人税，住民税及び事業税	42,700,729	
法人税等調整額		42,700,729
当期純利益		25,072,670

Ⅲ．株主資本等変動計算書

自　平成18年 4月 1日
至　平成19年 3月31日

（単位：円）

	株主資本										評価・換算差額等	
		資本剰余金			利益剰余金							
						その他利益剰余金						
	資本金	資本準備金	その他資本剰余金	資本剰余金合計	利益準備金	別途積立金	繰越利益剰余金	利益剰余金合計	自己株式	株主資本合計	その他有価証券評価差額金	純資産合計
前期末残高	80,000,000			0	20,000,000	445,000,000	31,710,829	496,710,829		576,710,829		576,710,829
当期変動額												
新株の発行				0				0		0		0
剰余金の配当				0				0		0		0
別途積立金の積立て				0				0		0		0
当期純利益				0			25,072,670	25,072,670		25,072,670		25,072,670
自己株式の取得				0				0		0		0
自己株式の処分				0				0		0		0
株主資本以外の項目の当期変動額（純額）				0				0		0		0
当期変動額合計	0	0	0	0	0	0	25,072,670	25,072,670	0	25,072,670	0	25,072,670
当期末残高	80,000,000	0	0	0	20,000,000	445,000,000	56,783,499	521,783,499	0	601,783,499	0	601,783,499

金融商品取引法

株式を上場している会社などは，決算終了後，金融商品取引法により定められたルールに従って財務諸表などを作成しなければなりません。作成をしなければならない財務諸表には以下のものがあります。

①　貸借対照表

（トヨタ自動車）

区　分	前連結会計年度（平成17年3月31日現在）金額（百万円）	構成比（%）	当連結会計年度（平成18年3月31日現在）金額（百万円）	構成比（%）
（資産の部）				
Ⅰ　流動資産				
1　現金及び現金同等物	1,483,753		1,569,387	
2　定期預金	63,609		50,349	
3　有価証券	543,124		634,879	
4　受取手形及び売掛金〈貸倒引当金控除後〉	1,813,725		1,980,680	
貸倒引当金残高：平成17年3月31日現在18,656百万円　平成18年3月31日現在19,491百万円				
5　金融債権〈純額〉	3,010,135		3,497,319	
6　未収入金	355,381		416,336	
7　たな卸資産	1,306,709		1,620,975	
8　繰延税金資産	475,764		520,494	
9　前払費用及びその他	387,905		444,803	
流動資産合計	9,440,105	38.8	10,735,222	37.4
Ⅱ　長期金融債権〈純額〉	3,976,941	16.3	4,830,216	16.8
Ⅲ　投資及びその他の資産				
1　有価証券及びその他の投資有価証券	2,704,142		3,402,523	
2　関連会社に対する投資及びその他の資産	1,570,185		1,828,369	
3　従業員に対する長期貸付金	49,538		75,094	
4　その他	798,506		793,543	
投資及びその他の資産合計	5,122,371	21.1	6,099,529	21.2
Ⅳ　有形固定資産				
1　土地	1,182,768		1,215,897	
2　建物	2,935,274		3,156,613	
3　機械装置	7,897,509		8,482,832	
4　賃貸用車両及び器具	1,828,697		2,605,426	
5　建設仮勘定計	214,781		397,076	
小計	14,059,029		15,857,844	
6　減価償却累計額〈控除〉	△　8,263,435		△　8,791,216	
有形固定資産合計	5,795,594	23.8	7,066,628	24.6
資産合計	24,335,011	100.0	28,731,595	100.0

区　分	前連結会計年度 （平成17年3月31日現在）金額（百万円）	構成比（%）	当連結会計年度 （平成18年3月31日現在）金額（百万円）	構成比（%）
（負債の部）				
Ⅰ　流動負債				
1　短期借入債務	2,381,827		3,033,019	
2　1年以内に返済予定の長期借入債務	1,150,920		1,723,888	
3　支払手形及び買掛金	1,856,799		2,086,587	
4　未払金	693,041		730,184	
5　未払費用	1,289,373		1,464,263	
6　未払法人税等	292,835		347,488	
7　その他	562,411		643,306	
流動負債合計	8,227,206	33.8	10,028,735	34.9
Ⅱ　固定負債				
1　長期借入債務	5,014,925		5,640,490	
2　未払退職・年金費用	646,989		679,918	
3　繰延税金負債	811,670		1,092,995	
4　その他	84,342		139,428	
固定負債合計	6,557,926	26.9	7,552,831	26.3
負債合計	14,785,132	60.7	17,581,566	61.2
（少数株主持分）				
少数株主持分	504,929	2.1	589,580	2.0
（資本の部）				
Ⅰ　資本金	397,050	1.6	397,050	1.4
授権株式数： 平成17年3月31日および 平成18年3月31日現在 9,740,185,400株 発行済株式数： 平成17年3月31日および 平成18年3月31日現在 3,609,997,492株				
Ⅱ　資本剰余金	495,707	2.1	495,250	1.8
Ⅲ　利益剰余金	9,332,176	38.3	10,459,788	36.4
Ⅳ　その他の包括利益・損失（△）累計額	△　80,660	△　0.3	437,316	1.5
Ⅴ　自己株式	△　1,099,323	△　4.5	△　1,228,955	△　4.3
自己株式数： 平成17年3月31日現在 341,918,553株 平成18年3月31日現在 368,240,025株				
資本合計	9,044,950	37.2	10,560,449	36.8
（契約債務及び偶発債務）				
負債，少数株主持分及び資本合計	24,335,011	100.0	28,731,595	100.0

② 損益計算書

区分	前連結会計年度 （平成 17 年 3 月 31 日に 終了した 1 年間） 金額（百万円）	百分比 （%）	当連結会計年度 （平成 18 年 3 月 31 日に 終了した 1 年間） 金額（百万円）	百分比 （%）
Ⅰ　売上高				
1　商品・製品売上高	17,790,862		20,059,493	
2　金融収益	760,664		977,416	
売上高合計	18,551,526	100.0	21,036,909	100.0
Ⅱ　売上原価並びに販売費及び一般管理費				
1　売上原価	14,500,282		16,335,312	
2　金融費用	369,844		609,632	
3　販売費及び一般管理費	2,009,213		2,213,623	
売上原価並びに販売費及び一般管理費合計	16,879,339	91.0	19,158,567	91.1
営業利益	1,672,187	9.0	1,878,342	8.9
Ⅲ　その他の収益・費用（△）	67,519		93,970	
1　受取利息及び受取配当金	△　18,956		△　21,601	
2　支払利息	21,419		10,789	
3　為替差益〈純額〉	12,468		125,860	
4　その他〈純額〉				
その他の収益・費用（△）合計	82,450	0.5	209,018	1.0
税金等調整前当期純利益	1,754,637	9.5	2,087,360	9.9
法人税等	657,910	3.6	795,153	3.8
少数株主持分損益及び持分法投資損益前当期純利益	1,096,727	5.9	1,292,207	6.1
少数株主持分損益	△　64,938	△　0.4	△　84,393	△　0.4
持分法投資損益	139,471	0.8	164,366	0.8
当期純利益	1,171,260	6.3	1,372,180	6.5

③ キャッシュフロー計算書

区　分	前連結会計年度（平成17年3月31日に終了した1年間）金額（百万円）	当連結会計年度（平成18年3月31日に終了した1年間）金額（百万円）
Ⅰ 営業活動からのキャッシュフロー		
1 当期純利益	1,171,260	1,372,180
2 営業活動から得た現金〈純額〉への当期純利益の調整		
（1） 減価償却費	997,713	1,211,178
（2） 貸倒引当金及び金融損失引当金繰入額	63,154	62,646
（3） 退職・年金費用〈支払額控除後〉	△ 52,933	23,860
（4） 固定資産処分損	49,159	54,981
（5） 売却可能有価証券の未実現評価損〈純額〉	2,324	4,163
（6） 繰延税額	84,711	33,262
（7） 少数株主持分損益	64,938	84,393
（8） 持分法投資損益	△ 139,471	△ 164,366
（9） 資産及び負債の増減ほか		
受取手形及び売掛金の増加	△ 178,363	△ 297,598
たな卸資産の増加	△ 191,545	△ 248,823
その他の流動資産の増加（△）・減少	34,674	△ 89,723
支払手形及び買掛金の増加	153,747	188,702
未払法人税等の増加	41,228	54,052
その他流動負債の増加	190,450	203,075
その他	79,894	23,498
営業活動から得た現金〈純額〉	2,370,940	2,515,480
Ⅱ 投資活動からのキャッシュフロー		
1 金融債権の増加	△ 5,594,375	△ 6,476,979
2 金融債権の回収	4,609,383	5,615,276
3 金融債権の売却	65,536	102,854
4 有形固定資産の購入〈賃貸資産を除く〉	△ 1,068,287	△ 1,523,459
5 賃貸資産の購入	△ 854,953	△ 1,247,781
6 有形固定資産の売却〈賃貸資産を除く〉	69,396	89,578
7 賃貸資産の売却	316,456	410,683
8 有価証券及び投資有価証券の購入	△ 1,165,791	△ 957,296
9 有価証券及び投資有価証券の売却	121,369	157,707
10 有価証券及び投資有価証券の満期償還	452,574	533,325
11 関連会社への追加投資支払〈当該関連会社保有現金控除後〉	△ 901	△ 1,802
12 投資及びその他の資産の増減ほか	△ 11,603	△ 77,606
投資活動に使用した現金〈純額〉	△ 3,061,196	△ 3,375,500
Ⅲ 財務活動からのキャッシュフロー		
1 自己株式の取得	△ 264,106	△ 129,629
2 長期借入債務の増加	1,863,710	1,928,788
3 長期借入債務の返済	△ 1,155,223	△ 1,187,506
4 短期借入債務の増加	140,302	509,826
5 配当金支払額	△ 165,299	△ 244,568
財務活動から得た現金〈純額〉	419,384	876,911
Ⅳ 為替相場変動の現金及び現金同等物に対する影響額	24,849	68,743
Ⅴ 現金及び現金同等物純増加・減少（△）額	△ 246,023	85,634
Ⅵ 現金及び現金同等物期首残高	1,729,776	1,483,753
Ⅶ 現金及び現金同等物期末残高	1,483,753	1,569,387

④　連結株主持分計算書

区　分	前連結会計年度（平成17年3月31日に終了した1年間）					
	金　額（百万円）					
	資本金	資本剰余金	利益剰余金	その他の包括利益・損失（△）累計額	自己株式	資本合計
平成16年3月31日現在残高	397,050	495,179	8,326,215	△ 204,592	△ 835,285	8,178,567
Ⅰ　当期発行額		528				528
Ⅱ　包括利益						
1　当期純利益			1,171,260			1,171,260
2　その他の包括利益						
（1）　外貨換算調整額				75,697		75,697
（2）　未実現有価証券評価益〈組替修正考慮後〉				38,455		38,455
（3）　最小年金債務調整額				9,780		9,780
包括利益合計						1,295,192
Ⅲ　配当金支払額			△ 165,299			△ 165,299
Ⅳ　自己株式の取得及び処分					△ 264,038	△ 264,038
平成17年3月31日現在残高	397,050	495,707	9,332,176	△ 80,660	△ 1,099,323	9,044,950

区　分	当連結会計年度（平成18年3月31日に終了した1年間）					
	金　額（百万円）					
	資本金	資本剰余金	利益剰余金	その他の包括利益・損失（△）累計額	自己株式	資本合計
平成17年3月31日現在残高	397,050	495,707	9,332,176	△ 80,660	△ 1,099,323	9,044,950
Ⅰ　当期発行額		△ 457				△ 457
Ⅱ　包括利益						
1　当期純利益			1,372,180			1,372,180
2　その他の包括利益						
（1）　外貨換算調整額				268,410		268,410
（2）　未実現有価証券評価益〈組替修正考慮後〉				244,629		244,629
（3）　最小年金債務調整額				4,937		4,937
包括利益合計						1,890,156
Ⅲ　配当金支払額			△ 244,568			△ 244,568
Ⅳ　自己株式の取得及び処分					△ 129,632	△ 129,632
平成18年3月31日現在残高	397,050	495,250	10,459,788	437,316	△ 1,228,955	10,560,449

47 税　務

税務とは，会社が納付する税金に関することです。法人税，消費税などの章でお話しましたように，会社が自ら税額を計算して納付しなければならないものもあるため，基本的な税額計算の仕組みを理解しておく必要があります。

前述の交際費など，日々の仕訳のなかで税務についての判断を要するものもありますので，税務に精通することも，重要なスキルの１つなのです。

「交際費」の項目でも，説明しましたように，会計上は費用として処理をしても，税務上は費用として認められない金額は会社の資金繰りにも影響します。

税務上の処理がどのようになるのか，税務に関する知識も重要なスキルの１つと言えます。

（会計上）		（税務上）	
収　入	50,000	収　入	50,000
原　価	47,000	原　価	47,000
交際費	3,000	交際費	0
利　益	0	利　益	3,000

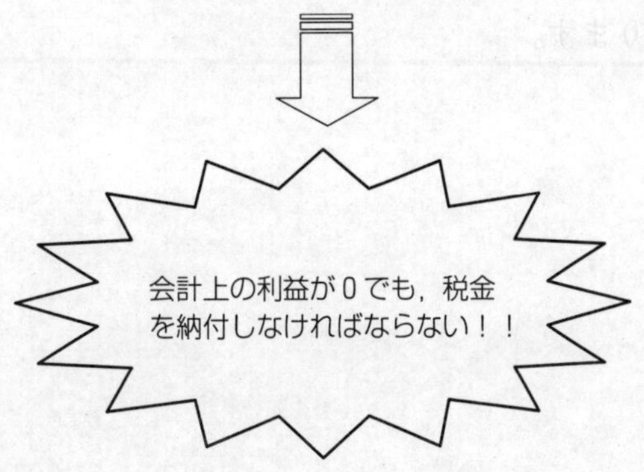

会計上の利益が０でも，税金
を納付しなければならない！！

税務上の処理を判断するのも重要なスキルです！

日常業務においても，税務は関係しています。

具体例を見てみよう！

- 得意先への手土産を購入した。金額が小額であったため，雑費で処理をした。

(借方)	雑　費	2,000	(貸方)	現　金	2,000

得意先などへの手土産代は，税金計算上は一定の金額は損金に算入できません。この場合，経理処理は雑費で費用処理をしていますが，税務申告上は交際費になると認識しておく必要があります。

- 会社の営業と関係のない団体へお金を寄付した。金額が小額であったため，雑費で処理をした。

(借方)	雑　費	1,000	(貸方)	現　金	1,000

寄付金は，一定の金額を超える部分は税金計算上の損金に算入することができません。この場合，経理処理は雑費で費用処理をしていますが，税務申告上は寄付金となることを認識しておく必要があります。

- 従業員が営業中に駐車違反をして罰金を科せられた。

(借方)	租税公課	10,000	(貸方)	現　金	10,000

罰金その他一定の租税公課については，税金計算上の損金に算入できないものがあります。この場合，経理処理は租税公課で費用処理をしていますが，税務申告上は損金に算入できないことに留意する必要があります。

STEP UP!

◆申告書にも親しんでおきましょう。

税務申告書は，税務担当者や顧問税理士など，特定の人が携わることが多いと思いますが，普段から，会社の申告書に目を通して，税務申告をイメージすることも必要です。

（別表 1）

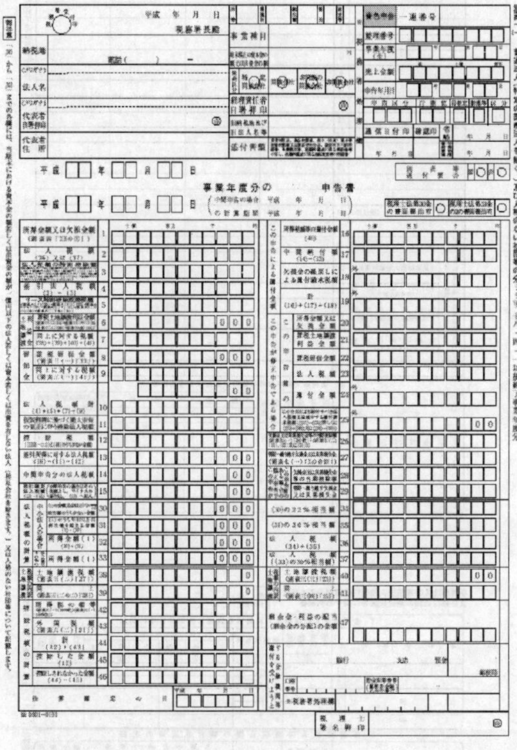

（別表 4）

所得の金額の計算に関する明細書（簡易様式）

（別表5の2）

連結個別利益積立金額及び連結個別資本金等の額の計算に関する明細書

連結事業年度	・　・ ・　・	法人名	（　　）

別表五の二(一)付表一　平十八・五・一以後終了連結事業年度分

Ⅰ　連結個別利益積立金額の計算に関する明細書

区分		期首現在連結個別利益積立金額 ①	当期の増減 減 ②	当期の増減 増 ③	差引翌期首現在連結個別利益積立金額 ①－②＋③ ④
利益準備金	1	円	円	円	円
積立金	2				
	3				
	4				
	5				
	6				
	7				
	8				
	9				
	10				
	11				
	12				
	13				
	14				
	15				
	16				
	17				
繰越損益金（損は赤）	18				
小計	19				
納税充当金	20				
未払連結法人税個別帰属額等：未払連結法人税個別帰属額	21			中間 確定	
未払連結法人税個別帰属額等：未納法人税（附帯税を除く。）	22	△	△	△	△
未払連結法人税個別帰属額等：未納道府県民税（均等割額及び利子割額を含む。）	23	△	△	中間 △ 確定 △	△
未払連結法人税個別帰属額等：未納市町村民税（均等割額を含む。）	24	△	△	中間 △ 確定 △	△
差引合計額	25				

Ⅱ　連結個別資本金等の額の計算に関する明細書

区分		期首現在連結個別資本金等の額 ①	当期の増減 減 ②	当期の増減 増 ③	差引翌期首現在連結個別資本金等の額 ①－②＋③ ④
資本金又は出資金	26	円	円	円	円
資本準備金	27				
	28				
	29				
差引合計額	30				

法 0301－0501－02－付1

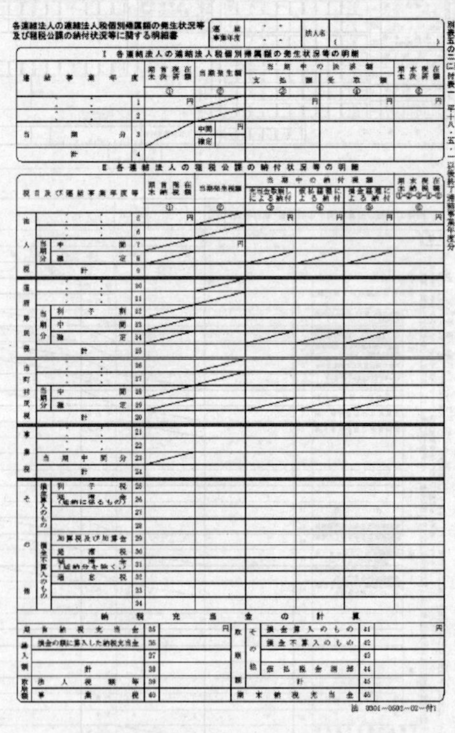

各連結法人の連結法人税個別帰属額の発生状況等及び租税公課の納付状況等に関する明細書

連結事業年度	・　・ ・　・	法人名	（　　）

別表五の二(二)付表一　平十八・五・一以後終了連結事業年度分

Ⅰ　各連結法人の連結法人税個別帰属額の発生状況等の明細

連結事業年度		期首現在未決済額 ①	当期発生額 ②	当期中の決済額 支払額 ③	当期中の決済額 受取額 ④	期末現在未決済額 ⑤
・　・ ・　・	1	円		円	円	円
・　・ ・　・	2					
当期分	3		中間 円 確定			
計	4					

Ⅱ　各連結法人の租税公課の納付状況等の明細

税目及び連結事業年度等			期首現在未納税額 ①	当期発生税額 ②	当期中の納付税額 充当金取崩しによる納付 ③	当期中の納付税額 仮払経理による納付 ④	当期中の納付税額 損金経理による納付 ⑤	期末現在未納税額 ①＋②－③－④－⑤ ⑥
法人税	・　・ ・　・	5	円		円	円	円	円
法人税	・　・ ・　・	6						
法人税	当期分 中間	7		円				
法人税	当期分 確定	8						
法人税	計	9						
道府県民税	・　・ ・　・	10						
道府県民税	・　・ ・　・	11						
道府県民税	当期分 利子割	12						
道府県民税	当期分 中間	13						
道府県民税	当期分 確定	14						
道府県民税	計	15						
市町村民税	・　・ ・　・	16						
市町村民税	・　・ ・　・	17						
市町村民税	当期分 中間	18						
市町村民税	当期分 確定	19						
市町村民税	計	20						
事業税	・　・ ・　・	21						
事業税	・　・ ・　・	22						
事業税	当期中間分	23						
事業税	計	24						
その他	損金算入のもの：利子税	25						
その他	損金算入のもの：延滞金（延納に係るもの）	26						
その他	損金算入のもの	27						
その他	損金算入のもの	28						
その他	損金不算入のもの：加算税及び加算金	29						
その他	損金不算入のもの：延滞税	30						
その他	損金不算入のもの：延滞金（延納分を除く。）	31						
その他	損金不算入のもの：過怠税	32						
その他	損金不算入のもの	33						
その他	損金不算入のもの	34						

納税充当金の計算

項目			金額	項目			金額
期首納税充当金		35	円	取崩額 その他	損金算入のもの	41	円
繰入額	損金の額に算入した納税充当金	36		取崩額 その他	損金不算入のもの	42	
繰入額		37		取崩額 その他		43	
繰入額	計	38		取崩額 その他	仮払税金消却	44	
取崩額	法人税額等	39		取崩額	計	45	
取崩額	事業税	40		期末納税充当金		46	

法 0301－0502－02－付1

48 資金繰り

みなさんは，「勘定あって銭足らず」という言葉を聞いたことがあるかもしれません。これは，黒字でも会社が倒産することを表した有名な言葉です。

損益計算書が赤字であっても，翌月（翌期）に黒字となれば問題はありませんが，会社の資金がマイナスになるということは，すぐに倒産につながります。

資金は待ったなし，と言われるのもこのような理由によるものです。

一般的に，経理のスタッフは財務諸表である損益計算書をみて，黒字かどうかを確認している方が多いと思います。ただし，会社の損益だけでなく資金繰りを把握・管理するスキルも経理スタッフにとっては重要なスキルなのです。

キャッシュフロー計算書との違い

資金繰りといいますと，キャッシュフロー計算書を想像される方がいます。キャッシュフロー計算書は説明したように，金融商品取引法などに基づいて作成をする財務諸表のひとつです。

ここでの，資金繰りとは，会社の経営に必要な資金を確保できているかを確認するものですので，特に決められたフォームはなく，会社の営業内容に合わせた見やすいものを作成する必要があります。

① 日 繰 表

資金繰りの基本は，毎日の資金の収支を記載する日繰表と呼ばれるものです。この表のポイントは，月末までの資金の収支を予め予想して，月末など支払いが集中する日に資金が必要かどうかを検討することです。

② 月次収支表

日繰表を作成したら，月の収支を合計した収支表を作成します。この表を作成することにより，中期的な期間で資金の手当てが必要かどうかを判断することができます。

資金調達が必要になる場合には，借入れの申し込みや，増資などのファイナンスの戦略を早期に検討する必要があります。

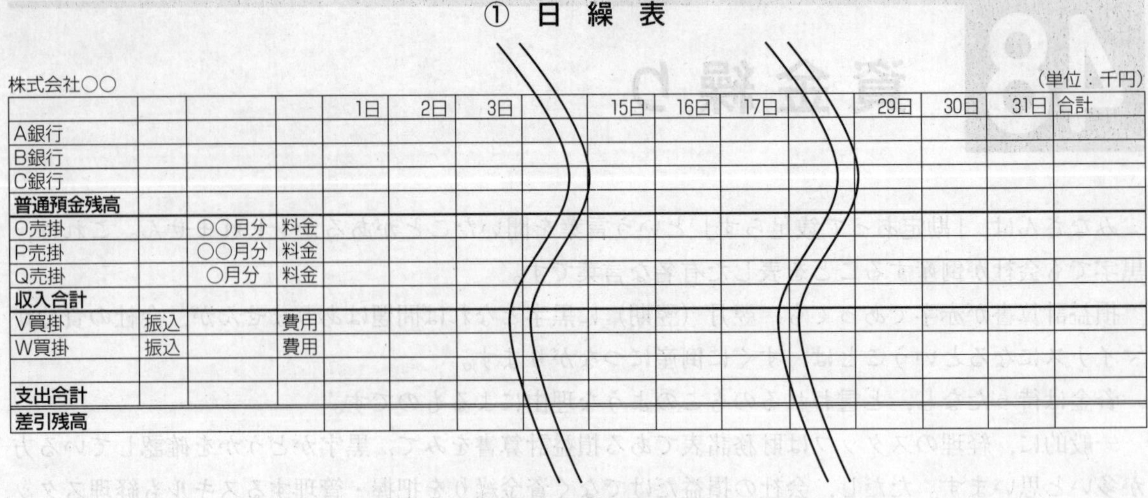

①　日繰表

株式会社○○　　　　　　　　　　　　　　　　　　　　　　　　　　　　（単位：千円）

				1日	2日	3日	15日	16日	17日	29日	30日	31日	合計
A銀行													
B銀行													
C銀行													
普通預金残高													
O売掛		○○月分	料金										
P売掛		○○月分	料金										
Q売掛		○月分	料金										
収入合計													
V買掛	振込		費用										
W買掛	振込		費用										
支出合計													
差引残高													

②　月次資金収支表

（平成○○年○月～平成○○年○月）

株式会社○○　　　　　　　　　　　　　　　　　　　　　　　　　　　　（単位：千円）

項目 ＼ 月		H 18/4	H 18/5	H 18/6	H 18/7	H 18/8	H 18/9	H 18/10	H 18/11	H 18/12	H 19/1	H 19/2	H 19/3	合計
前月繰越														
収入	売上													
	その他収入													
	収入合計													
支出	外注・月末払等													
	人件費													
	法定福利・厚生費													
	その他経費													
	税金													
	その他													
	支出計													
経常収支差引														
	短期借入													
	長期借入													
	その他													
	財務収入計													
	借入金返済													
	貸付													
	その他													
	財務支出計													
財務収支差引														
当月収支														
次月繰越														

49 管理会計

管理会計とは，会社の経営判断に必要な資料や財務データを作成するものです。前述の財務会計（制度会計）とは違い，フォームなどは独自のルールで決めればよいことになっています。

財務会計では，会社の決算が法律に基づき正しく作成されているかが重要ですが，会社の経営状況を把握するために，管理会計のスキルも重要な項目となります。

経営判断のために作成する資料としては以下のようなものがあります。

① 前期比較財務諸表，月次損益推移表，予算実績対比表

株式会社○○ 前期損益比較表（平成○○年○月）

（単位：千円）

		当年(A)		前年同月(B)		増減(A)－(B)		備　考
		金　額	構成比	金　額	構成比	金　額	増減率	
売上高	売上高							
	その他売上							
	計							
原価	仕入高							
	労務費							
	製造原価							
	計							
売上総利益								
販管費	人件費							
	その他							
	計							
営業利益								
営業外利益								
営業外費用								
経常利益								
特別利益								
特別損失								
税引前損益								
法人税等								
当期利益								

株式会社○○　月次損益・推移表　　平成○○年度

（単位；千円）

		H18年4月	5月	6月	7月	8月	9月	10月	11月	12月	H19年1月	2月	3月	合計
売上高	売上高													
	その他売上													
	計													
原価	仕入高													
	労務費													
	計													
売上総利益														
販管費	人件費													
	その他													
	計													
営業利益														
営業外収														
営業外費用														
経常利益														
特別利益														
特別損失														
税引前損益														
法人税等														
当期利益														

株式会社○○　予算実績対比表（平成○○年○月）

（単位：千円）

		当年(A)		前年同月(B)		増減(A)－(B)		備考
		金　額	構成比	金　額	構成比	金　額	増減率	
売上高	売上高							
	その他売上							
	計							
原価	仕入高							
	労務費							
	製造原価							
	計							
売上総利益								
販管費	人件費							
	その他							
	計							
営業利益								
営業外利益								
営業外費用								
経常利益								
特別利益								
特別損失								
税引前損益								
法人税等								
当期利益								

② 部門別損益実績

株式会社○○　部門別損益実績　平成○○年○月～○月

（単位；円）

	A部門	B部門	C部門	D部門	E部門	合　計
［売上高］						
売上高						
その他売上						
売上高合計						
［売上原価］ 合計						
売上原価						
売上総損益						
［販売管理費］						
役員報酬						
給料手当						
法定福利費						
福利厚生費						
交際費						
旅費交通費						
通信費						
消耗品備品						
水道光熱費						
減価償却費						
租税公課						
貸倒損失（販）						
雑費						
販売管理費計						
営業損益						
［営業外収益］						
受取利息						
雑収入						
営業外収益合計						
［営業外費用］						
支払利息						
雑損失						
営業外費用合計						
経常損益						

③ 売上高構成

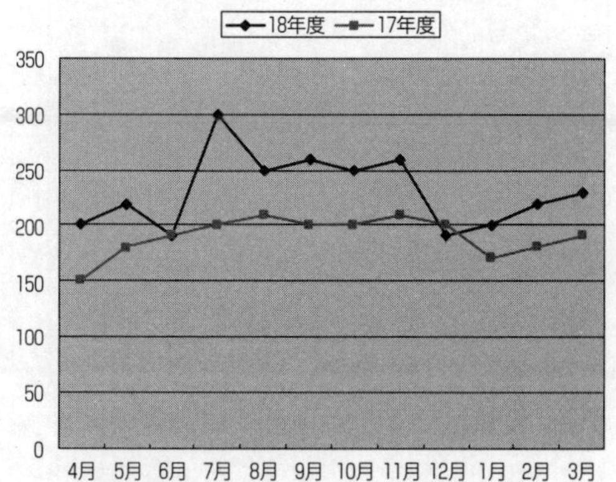

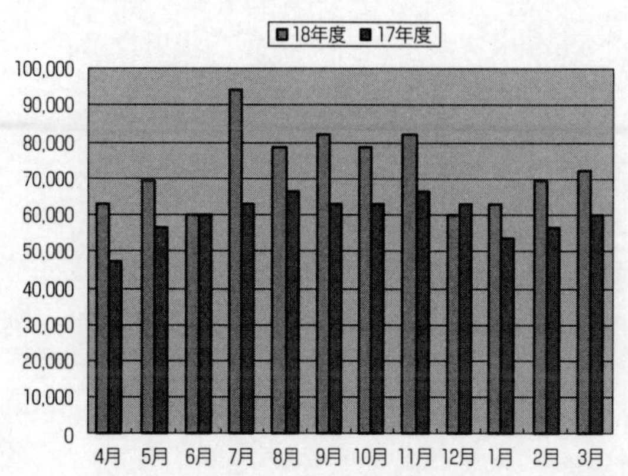

販売個数 (単位；個)

	4月	5月	6月	7月	8月	9月	10月	11月	12月	1月	2月	3月	合計
18年度	200	220	190	300	250	260	250	260	190	200	220	230	2,770
17年度	150	180	190	200	210	200	200	210	200	170	180	190	2,280
増減	50	40	0	100	40	60	50	50	−10	30	40	40	490

売上高 (単位；千円)

	4月	5月	6月	7月	8月	9月	10月	11月	12月	1月	2月	3月	合計
18年度	63,000	69,300	59,850	94,500	78,750	81,900	78,750	81,900	59,850	63,000	69,300	72,450	872,550
17年度	47,250	56,700	59,850	63,000	66,150	63,000	63,000	66,150	63,000	53,550	56,700	59,850	718,200
増減	15,750	12,600	0	31,500	12,600	18,900	15,750	15,750	−3,150	9,450	12,600	12,600	154,350

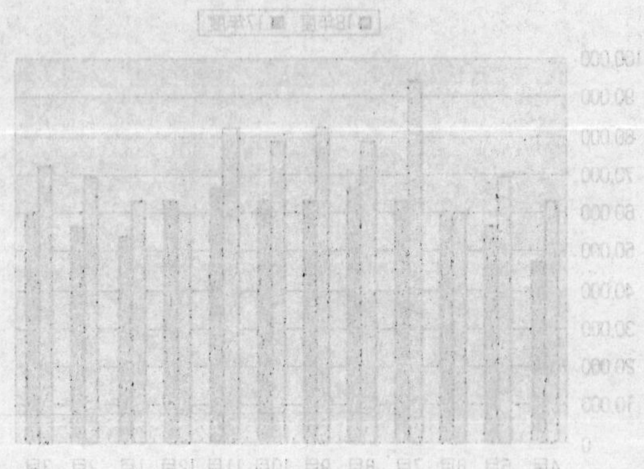

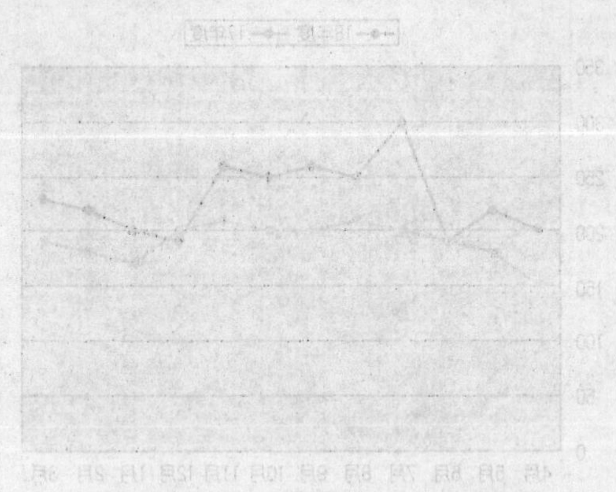

7

お役立ち情報

～実務で困ったときに

50 税金関係

税金のことが知りたくなったら次の方法でトライしてみよう！

書籍で調べる

①　大蔵財務協会

現職の国税庁の方が執筆をしているため実務上の判断には有益です。

税目ごとの質疑応答集やわかりやすい図解シリーズが好評です。

②　税務研究会

「税務通信」は毎週旬に税金に関する情報を提供する週刊誌で経理部門や税理士等の実務家の購読頻度は非常に高いです。

③　税務経理協会

「税経通信」という実務家向けの雑誌の他，税理士・会計士受験のための情報誌「税経セミナー」も発行している税務や経理関係の出版専門会社です。

データベースや人気サイトで調べる

①　国税庁のホームページ

国税庁のタックスアンサーは一般的な質疑応答事例があります。電話でのサービスもあります。

② 税務通信データベース

書籍で紹介した「税務通信」記事が過去10年程度蓄積されており，キーワード検索で調べたいことに関する記事が見つかります。

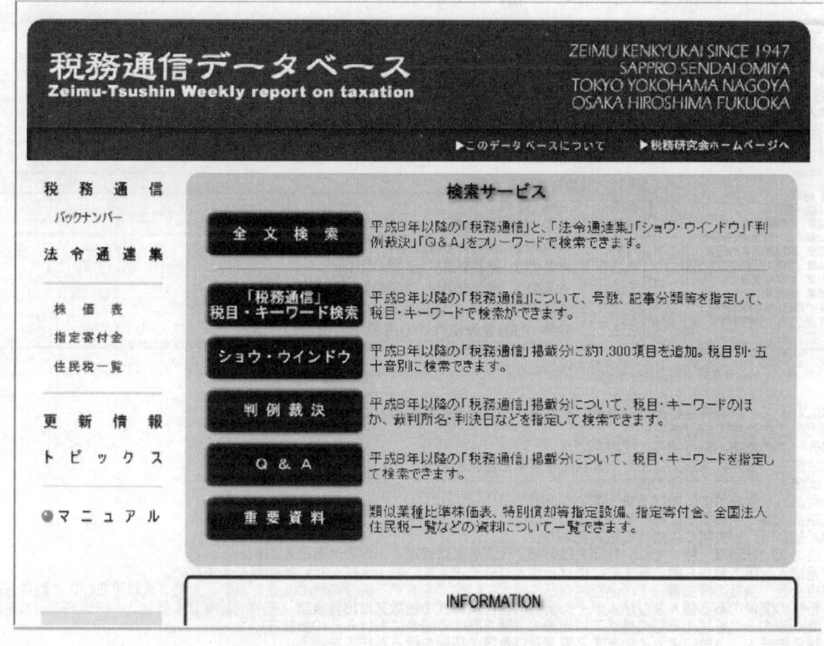

③ Tabisland

エプソンが運営している日本最大級の税務・会計・経営情報ポータルサイトです。トピックスやデータベース等かなり充実していますので，実務家のなかでも利用頻度は高いサイトです。

④ Tax Navigator

ベンチャー税理士研究会が企画開発している税法の一流文献の目次と，措置法関係までの条文を網羅したデータベースです。2万円程度で購入できる上，検索機能で必要な条文等を探せますので，パソコンにインストールしておきたい一品です。

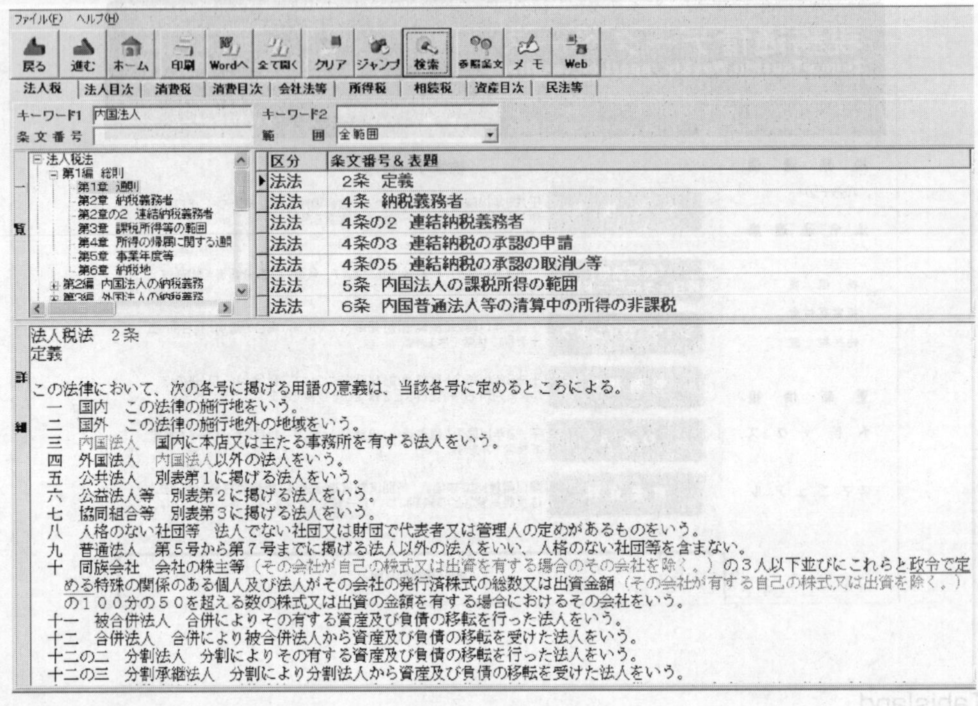

⑤ 税理士事務所のホームページ

税理士事務所のホームページによっては，セミナー情報や税務関係の質問集や用語集等が掲載されており，最新情報が入ります。以下は，CS アカウンティングの提携税理士法人である，辻・本郷税理士法人のホームページです。最近話題の J-SOX（日本版内部統制制度）についても質問集が掲載されています。

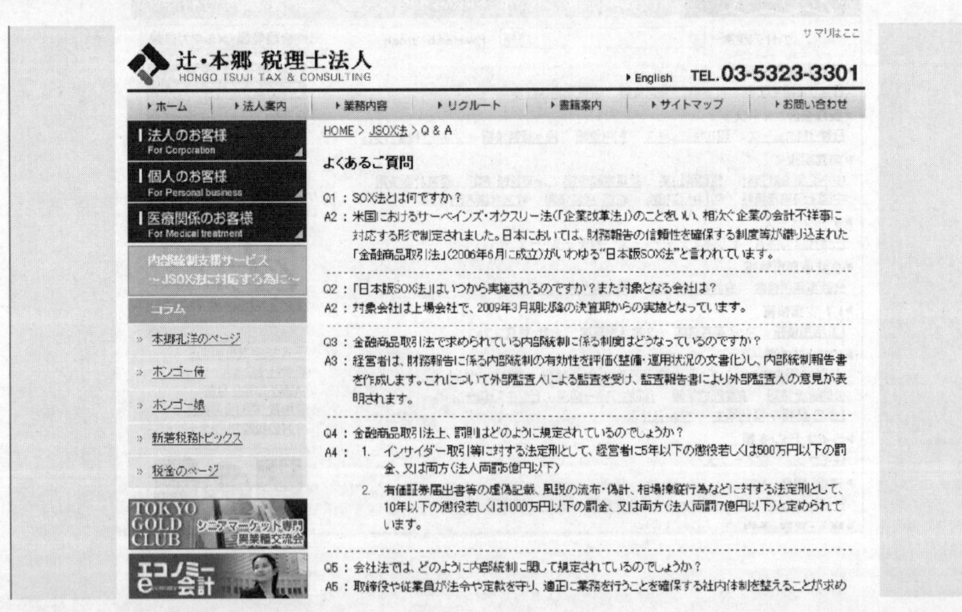

やっぱり人に直接聞いてみる

① 顧問税理士

会社に顧問税理士がいるのであれば，どんどん聞いてみよう。通常，月額顧問料の範囲で相談にのってくれます。ただし，タイムチャージベースの報酬体系の税理士の場合は，聞けば聞くほど報酬が加算されますので，注意しましょう。

② 税務署（税務相談室）

困ったときは所轄の税務署に直接聞いてみることも可能ですが，一般的な事項であれば税務相談室がある税務署に電話で問い合わせをすると親切に相談にのってくれます。

③ 県税事務所，市役所

地方税の質問をする際は，直接管轄する都道府県税事務所や市役所に確認します。地方ごとに異なる税率の確認や外形標準課税の問い合わせをする際は，活用しましょう。

51 会計関係

会計のことが知りたくなったら次の方法でトライしてみよう！

書籍で調べる

① **中央経済社**

会計人必携の「監査小六法」を出版している出版社で会計の他，経営，法律，税務といった幅広い分野で専門書籍や雑誌を出版しています。

② **清文社**

税務，会計，経営，法律，建設，不動産等の実務書籍専門出版社です，税務関係も豊富ですが，会計関係の出版物も有益なものが多いです。

データベースや人気サイトで調べる

企業会計基準委員会

日本で唯一の会計のルールをつくる民間機関です。委員には学識経験者，事業会社の経理責任者，監査法人の代表社員などが就任しています。最新の企業会計基準等がリリースされていますので，最新情報が必要な方には必見です。

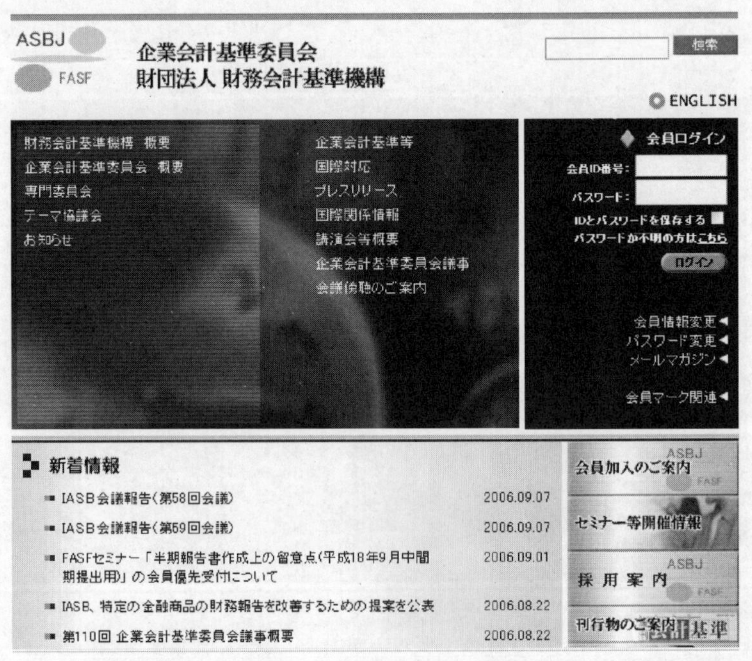

日本公認会計士協会

こちらのサイトには最新の公開草案や委員会報告が掲載されています。公開会社の会計処理には公認会計士または監査法人のお墨つきが必要となりますので会計に関する最新の動向について知っておくのが望ましいでしょう。

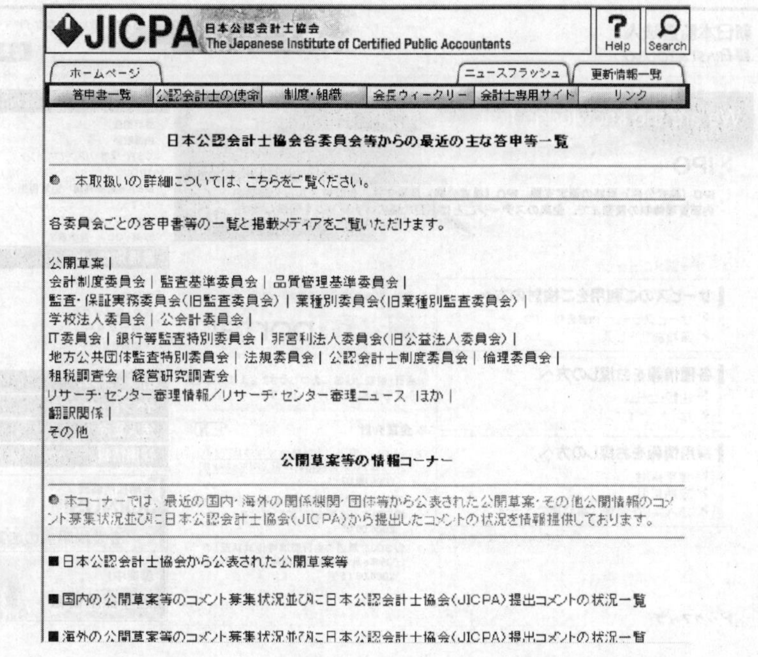

EDINET

EDINETとは，有価証券報告書等の開示書類に関する電子開示システムのことをいい，上場企業の有価証券報告書等が自由に閲覧できます。

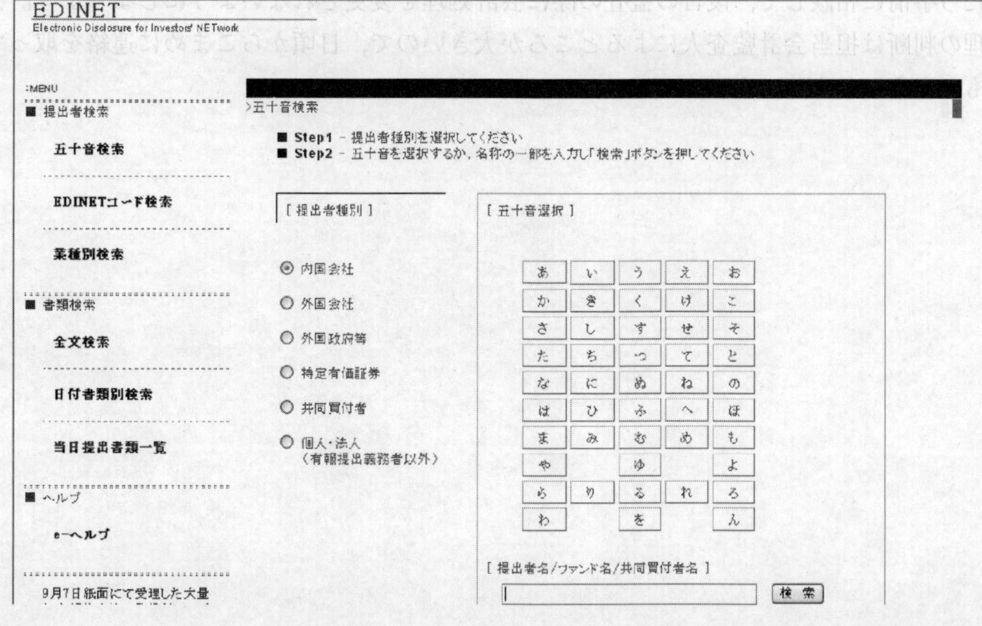

監査法人のホームページ

大手監査法人のホームページには最新の会計に関するニュースや業種ごとの情報が満載です。ここでは，新日本監査法人のホームページを掲載しましたが，他にもトーマツ，あずさ，みすずといった監査法人が大手と言われています。

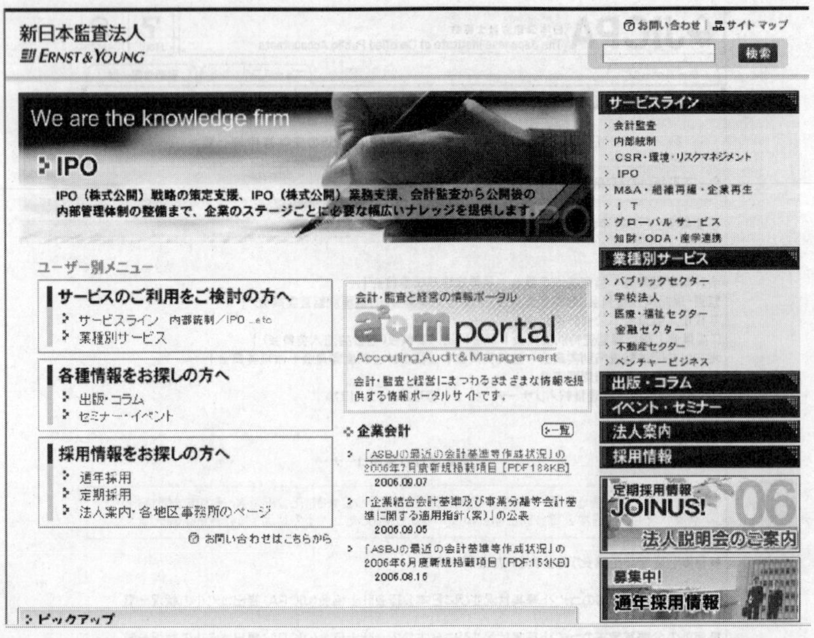

やっぱり人に直接聞いてみる

顧問会計士

公開会社であれば公認会計士あるいは監査法人の監査を受けています。新しい取引や特殊な取引が発生したら事前に相談して，後日の監査の際に会計処理を変更されないようにしましょう。会社の会計処理の判断は担当会計監査人によるところが大きいので，日頃からこまめに連絡を取って共通認識をもつようにしましょう。

52 その他の情報

他にも必要な情報はこんなところから入手しよう！

株価情報／為替情報／金利情報

期末株価の時価評価や外貨建債権・債務の換算替えなどをする際に便利な情報ソースはサイトを有効活用して入手しよう。

Yahoo！ファイナンス

言わずとしれた日本最大級のポータルサイトです。株価，為替，金利情報が入手できます。

株式・投信に投資する

マーケット情報
市場の最新情報をチェックする
- マーケット概況
- 株式ニュース
  [株式新聞社 | サーチナ | フィスコ | 時事通信社]
- 「会社四季報」投資情報
  [「週刊東洋経済」ニュースデスク | マーケットウォッチ]
- e株ネット
- Yahoo!ファイナンスVIP倶楽部
  プロ投資家と同じニュースを閲覧可能

株価・株式銘柄選び情報
株式と銘柄について調べる
- 株式ランキング
  [マーケット | 信用取引 | テクニカル]
- できる銘柄選び！ チャートフォリオ
- 株価・投信時系列データ
- 信用残時系列データ
- 新規上場企業情報
- 東証主要企業決算発表予定カレンダー
- 株主優待情報
- 手口情報
- 機関投資家＆アナリスト注目銘柄
- 銘柄別投稿数ランキング
- アナリストレポート
- ロイター銘柄レポート

お金を預ける・ふやす

預金
預金金利や為替レートを調べる
- 金利情報
- 外国為替情報
- 為替時系列データ
  [アメリカドル | オーストラリアドル | イギリスポンド | カナダドル | スイスフラン | 欧州ユーロ]

不動産投資情報
投資用物件を探す、検討する
- 不動産投資ONLINE

お金と上手につきあう

クレジットカード
自分にあったクレジットカードをみつける
- クレジットカード情報
- Yahoo!カード NEW!

ローン
住宅、自動車、各種ローンを比較検討する
- ローンセンター
- 住宅ローン"無料"相談サービス

税金
税金のことは何でもおまかせ
- 税理士紹介 NEW!
- 確定申告情報
- 税金情報

米国$	116.6200

銘柄別投稿数ランキング(デイリー)

(7日 午後2時00分付け)

順位	コード	名称
1	9984	ソフトバンク
2	2497	ネットエイジグループ
3	4974	タカラバイオ

全市場株式ランキング(デイリー)

(7日 午後2時50分付け)

値上がり率ランキング

順位	コード	名称	前日比
1	2451	(株)メディアクリエイト	+34.19%
2	9423	(株)フリード	+18.40%
3	1748	ミサワホーム北日本(株)	+14.24%

出来高ランキング

順位	コード	名称	出来高
1	5401	新日本製鐵(株)	63,475,000
2	9984	ソフトバンク(株)	49,031,100
3	6502	(株)東芝	27,293,000

買い手口情報(デイリー)

(6日 午後8時00分付け)

ブルームバーグのホームページ

ストックオプションの公正価値評価などに際してボラティリティーの情報が必要となります。そんなときは金融情報豊富なブルームバーグのホームページが大変便利です。

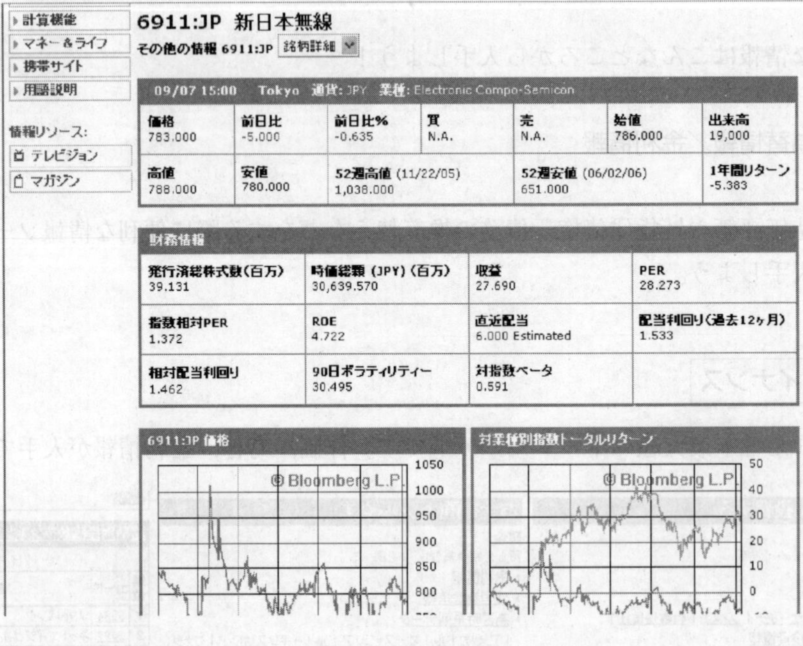

09/07 15:00　Tokyo　通貨: JPY　業種: Electronic Compo-Semicon

価格	前日比	前日比%	買	売	始値	出来高
783.000	-5.000	-0.635	N.A.	N.A.	786.000	19,000

高値	安値	52週高値 (11/22/05)	52週安値 (06/02/06)	1年間リターン
788.000	780.000	1,038.000	651.000	-5.383

財務情報

発行済総株式数(百万)	時価総額 (JPY)(百万)	収益	PER
39.131	30,639.570	27.690	28.273
指数相対PER	**ROE**	**直近配当**	**配当利回り(過去12ヶ月)**
1.372	4.722	6.000 Estimated	1.533
相対配当利回り	**90日ボラティリティー**	**対指数ベータ**	
1.462	30.495	0.591	

8

これで完璧

～月次・年次決算マニュアルシート

53 給与の会計処理

（1） 基礎資料を準備しよう

支給控除一覧表

給与の会計処理は人事部門等で作成する支給控除一覧表等を用いて行います。

〈支給控除一覧表〉

ABC商事		
1月分		
	合 計	
基 本 給	3,372,404	①
職務手当	0	①
残業手当	10,218	①
通勤手当	24,500	②
課税通勤手当	0	②
健康保険料	52,070	③
介護保険料	7,810	③
厚生年金保険	116,448	③
雇用保険料	3,120	④
所 得 税	212,086	⑤
住 民 税	125,623	⑥
総支給金額	3,407,122	①～②の合計
控除合計額	517,157	③～⑥の合計
差引支給額	2,889,965	

（2）　伝票を作成しよう

上記３月分の仕訳は次のようになります。

仕訳

（借方）	給与手当	3,382,622 ①	（貸方）	現預金	2,889,965
	旅費交通費	24,500 ②		預り金（社会保険料）	176,328 ③
				預り金（雇用保険料）	3,120 ④
				預り金（所得税）	212,086 ⑤
				預り金（住民税）	125,623 ⑥

賃貸対照表

預り金　517,157　――一致するか確認する

（3）　決算ではここを確認しよう

支給控除一覧表の控除額と預り金（補助残高一覧表など）の貸方残高が一致しているか確認します。なお，給与関係の預り金は，雇用保険料以外は原則的に計上月の翌月には納付となりますので，原則として１ヶ月分が残高として残る事になります。また，補助残高一覧表と貸借対照表の残高が一致しているかも確認する必要があります。

補助残高一覧表

預り金

内訳名	借方	貸方	残　高
社会保険料	×××	176,328	176,328
雇用保険料	×××	3,120	3,120
源泉所得税	×××	212,086	212,086
住民税	×××	125,623	125,623
合　計	×××	517,157	517,157

労働保険料と雇用保険料

労働保険料は，「労災保険」と「雇用保険」にかかる費用で労災保険料は，全額が事業主負担となりますが，雇用保険料に関しては，健康保険料等と同様，本人負担分と事業主負担分とからなっています。

労働保険料の納付は通常年３回（５月，８月，11月）納付します（会社によっては一括して納付している場合もあります）。預り金の雇用保険料も労働保険料の納付時に合わせて，取り崩しを行うようにします。

54 現預金の会計処理（伝票起票）

（1） 基礎資料の準備及び伝票の作成

現金と預金の処理・流れはほぼ同じなので，ここでは預金を例に説明します。預金通帳などの入出金明細に基づき伝票を起票します。伝票を起票するときは必ず，対応する証憑を添付します。

〈預金通帳〉

日 付	払い戻し額	預け入れ額	残 高	摘 要
——	——	——	——	
——	○×ショウジ	105,000	——	①
——	86,061	デンワリョウ	——	②
——	ヨキンリソク	800	——	③
——	——	——	——	
——	——	——	12,345,678	

起票及び入力が終わったら
残高が一致することを確認します。

※現金の場合は現金出納帳とB/Sの残高を確認します。

① 売上の入金

② 経費の支払

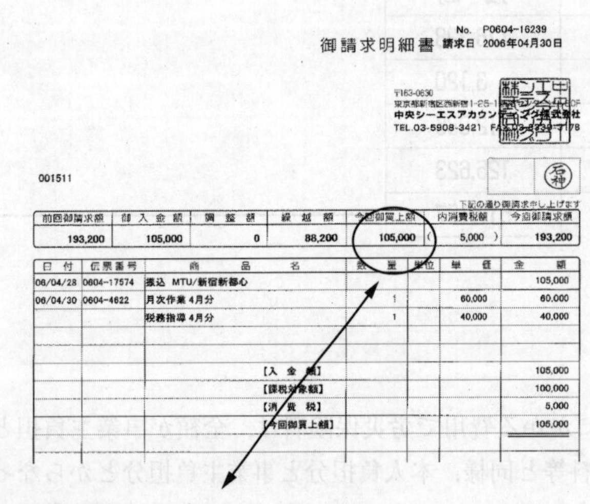

御請求明細書 No. P0604-16239 請求日 2006年04月30日

中央シーエスアカウンティング株式会社

TEL.03-5908-3421

001511

下記の通り御請求申し上げます

前回御請求額	御入金額	調整額	繰越額	今回御買上額	内消費税額	今回御請求額
193,200	105,000	0	88,200	105,000	(5,000)	193,200

日付	伝票番号	商品名	数量	単位	単価	金額
06/04/28	0604-17574	振込 MTU/新宿新都心				105,000
06/04/30	0604-4622	月次作業 4月分	1		60,000	60,000
		税務指導 4月分	1		40,000	40,000
		【入金額】				105,000
		【課税対象額】				100,000
		【消費税】				5,000
		【今回御買上額】				105,000

得意先から入金になった。

（借方）預金 105,000 （貸方）売掛金 105,000

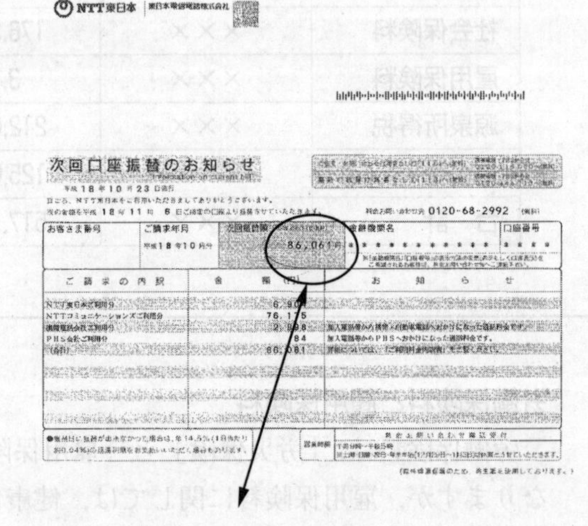

NTT東日本

次回口座振替のお知らせ

0120-68-2992

ご請求の内訳	金額	お知らせ
NTT東日本ご利用分	6,904	
NTTコミュニケーションズご利用分	76,175	
携帯電話会社ご利用分	2,898	加入電話等から携帯・自動車電話へおかけになった通話料金です。
PHS会社ご利用分	84	加入電話等からPHSへおかけになった通話料金です。
(合計)	86,061	

電話代が口座引き落としされた。

（借方）通信費 86,061 （貸方）預金 86,061

③　預金利息の入金

普通預金決算通知書

株式会社　□□□　様

日頃はなにかとお引き立ていただき誠にありがとうございます。

なお今後ともどうぞよろしくお願い申し上げます。

（口座番号　　〇〇〇〇〇〇〇）

摘　要		金　額
お 利 息 18年 2月 20日から18年 8月 20日		1 000円
税　　金 うち地方税額	(	200 50
差引お付替利息（ お付替日 18年 8月 21日）		800

預金利息が入金なる場合は銀行から普通預金決算通知書が届きます。

入金時には合計20％が源泉徴収で差し引かれます。

（借方）	預　　　金	800	（貸方）	受取利息	1,000
	租税公課	150			
	租税公課	50			

（2）　決算ではここを確認しよう

預金通帳などの入出金明細と貸借対照表の残高と一致しているか確認します（現金の場合も，同様に現金出納帳の残高と一致しているか確認します）。

貸借対照表

預　　金	12,345,678	

55 固定資産

(1) 基礎資料を作成しよう

① 固定資産台帳の作成

固定資産台帳

名称	期首簿価	増加	除却	売却	減価償却費	期末簿価
A 建物	100,000				10,000	90,000
B 建物	50,000			50,000		—
C 建物	70,000		70,000			—
建物計	220,000	—	70,000	50,000	10,000	90,000

② 固定資産売却明細の作成

売買契約書や固定資産台帳などをもとに，売却明細も作成しておきます。簿価（売却原価）に関しては，固定資産台帳の期首簿価と一致します。

固定資産売却明細

名称	売却金額	簿価	売却益
B建物	80,000	50,000	30,000
合計	80,000	50,000	30,000

(2) 伝票を作成しよう

上記のB建物を売却した時の仕訳は次のようになります。

（借方）現預金 80,000　（貸方）建物 50,000
固定資産売却益 30,000

また，決算時において，減価償却費及び除却の仕訳は次のようになります。

（借方）減価償却費 10,000　（貸方）建物 10,000
（借方）固定資産除却損 70,000　（貸方）建物 70,000

（3） 決算ではここを確認しよう！

固定資産台帳や固定資産売却明細の数値が，貸借対照表や損益計算書の残高と一致しているか確認します。

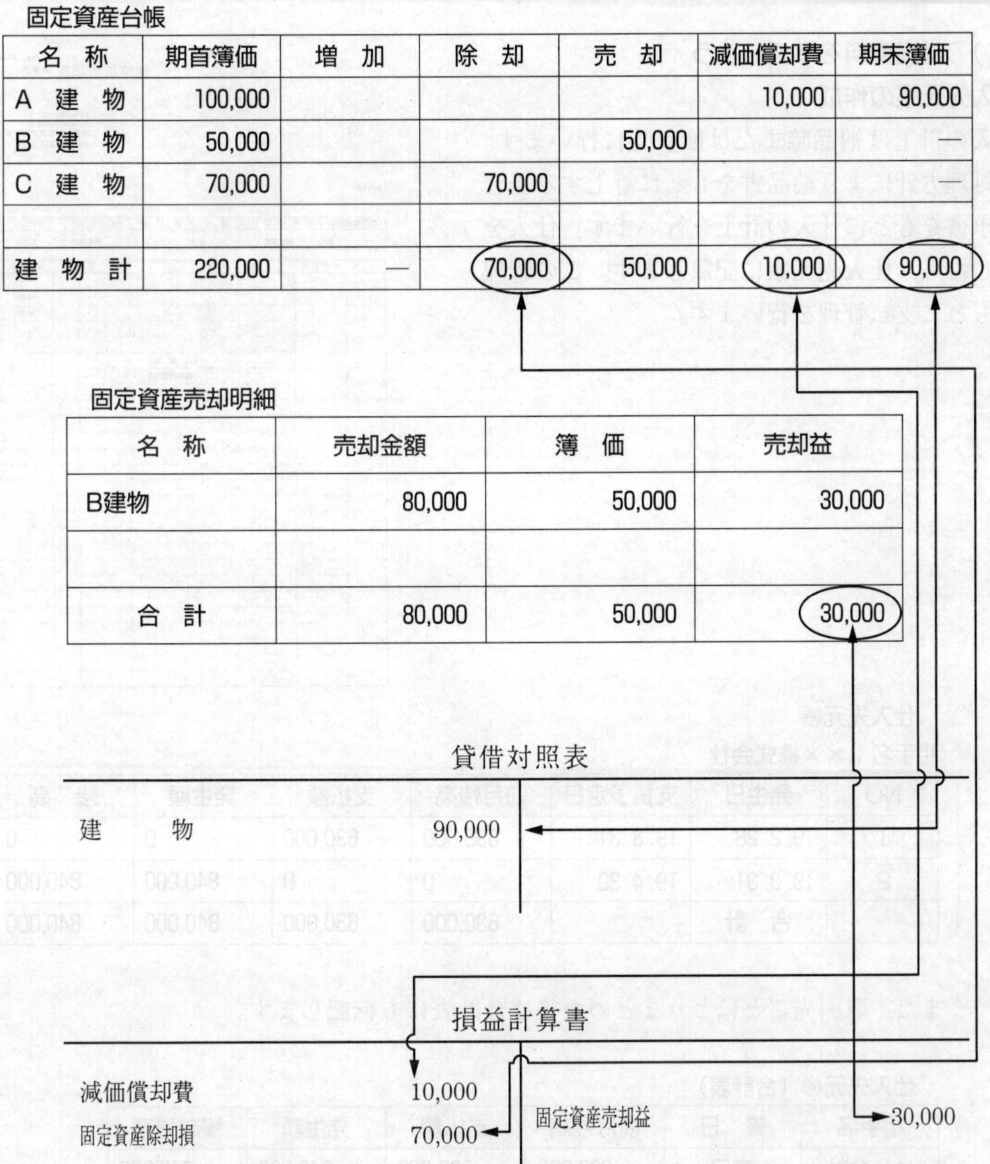

固定資産台帳

名　称	期首簿価	増　加	除　却	売　却	減価償却費	期末簿価
A　建　物	100,000				10,000	90,000
B　建　物	50,000			50,000		—
C　建　物	70,000		70,000			
建　物　計	220,000	—	70,000	50,000	10,000	90,000

固定資産売却明細

名　称	売却金額	簿　価	売却益
B建物	80,000	50,000	30,000
合　計	80,000	50,000	30,000

56 仕入・買掛金

(1) 基礎資料を準備しよう

仕入先元帳の作成

仕入の計上は納品時または検収時に行います。会計処理方針により納品書をもとに計上する場合と請求書をもとに仕入の計上を行います。仕入を計上したら，仕入先元帳に記載します。この管理表をもとに支払管理を行います。

No. P0604-16239

御請求明細書 請求日

〒163-0630
東京都新宿区西新宿1-25-1
中央シーエスアカウンティング株式会社
TEL.03-5908-3421

001511

下記の通り御請求申し上げます

前回御請求額	御入金額	調整額	繰越額	今回御買上額	内消費税額	今回御請求額
0	105,000	0	0	105,000	(5,000)	105,000

日付	伝票番号	商品名	数量	単位	単価	金額
						105,000
			1		60,000	60,000
			1		40,000	40,000
		【入金額】				105,000
		【課税対象額】				100,000
		【消費税】				5,000
		【今回御買上額】				105,000

仕入先元帳

相手名：××株式会社

NO	発生日	支払予定日	前月残高	支払額	発生額	残高
1	19.2.28	19.3.31	630,000	630,000	0	0
2	19.3.31	19.4.30	0	0	840,000	840,000
	合計		630,000	630,000	840,000	840,000

また，取引先ごとにとりまとめた後は合計表にも転記します。

仕入先元帳（合計表）

相手名	締日	前月残高	支払額	発生額	繰越残高
××会社	末日	630,000	630,000	840,000	840,000
△△物産	末日	525,000	525,000	735,000	735,000
□□商店	末日	420,000	0	0	420,000
		1,575,000	1,155,000	1,575,000	1,995,000

(2) 伝票を作成しよう

上記の××会社の3月分の仕入計上時の仕訳は以下のようになります。

（借方）仕　　入 840,000　　（貸方）買 掛 金 840,000

（3） 決算ではここを確認しよう！

仕入先元帳の残高と貸借対照表の残高が一致しているか確認します。

仕入先元帳（合計表）

相手名	締 日	前月残高	支払額	発生額	繰越残高
××会社	末日	630,000	630,000	840,000	840,000
△△物産	末日	525,000	525,000	735,000	735,000
□□商店	末日	420,000	0	0	420,000
		1,575,000	1,155,000	1,575,000	1,995,000

貸借対照表

	買 掛 金 1,995,000

また，仕入先元帳の相手先に残高が滞留している場合には，滞留原因を確認します。滞留原因が仕入計上額の誤りの場合には，仕入の戻し処理を行います。

57 借入金

（1） 基礎資料を準備しよう

① 借入金返済予定表

ご返済金およびお利息の明細

口座番号	ご融資番号	ご融資日	最終返済期日	返済間隔	利率（年）
		平成19年11月30日	平成24年11月30日	1ヶ月	1.60%

返済用預金口座	ご融資金額
普通預金	10,000,000

ご返済予定日 年　月　日	日数 日	ご返済金額 円	ご返済金額内訳 元本金額　円	 利息金額　円	融資残高 円	備考
19　12　29	31	179,999	166,666	13,333	9,833,334	
20　1　31	30	179,777	166,666	13,111	9,666,668	
20　2　28	35	179,554	166,666	12,888	9,500,002	
20　3　31	28	179,332	166,666	12,666	9,333,336	
22　5　31	30	167,778	166,667	1,111	666,668	
22　6　30	33	167,555	166,667	888	500,001	
22　8　2	29	167,333	166,667	666	333,334	
22　8　31	30	167,111	166,667	444	166,667	
22　9　30		166,889	166,667	222	0	

② 口座取引明細（預金通帳など）

口座からの引落し金額が，返済予定表に記載されている金額と一致しているかを確認します。異なる場合には，返済条件などに変更がないかを確認します。

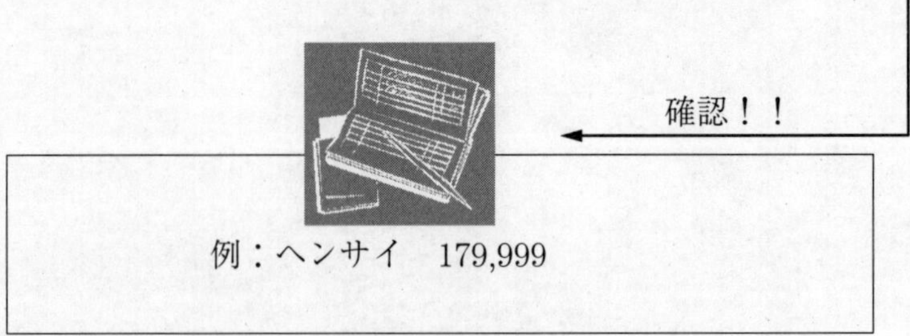

※返済金額＝返済元本＋支払利息

（2） 伝票を作成しよう

平成 19 年 12 月 29 日付の仕訳は次のようになります。

（借方）	借 入 金	166,666	（貸方）	預　　金	179,999
	支払利息	13,333			

（3） 決算ではここを確認しよう！

返済予定表の数値が，貸借対照表や損益計算書の残高と一致しているか確認します。ここでは決算日が３月 31 日の前提で考えます。

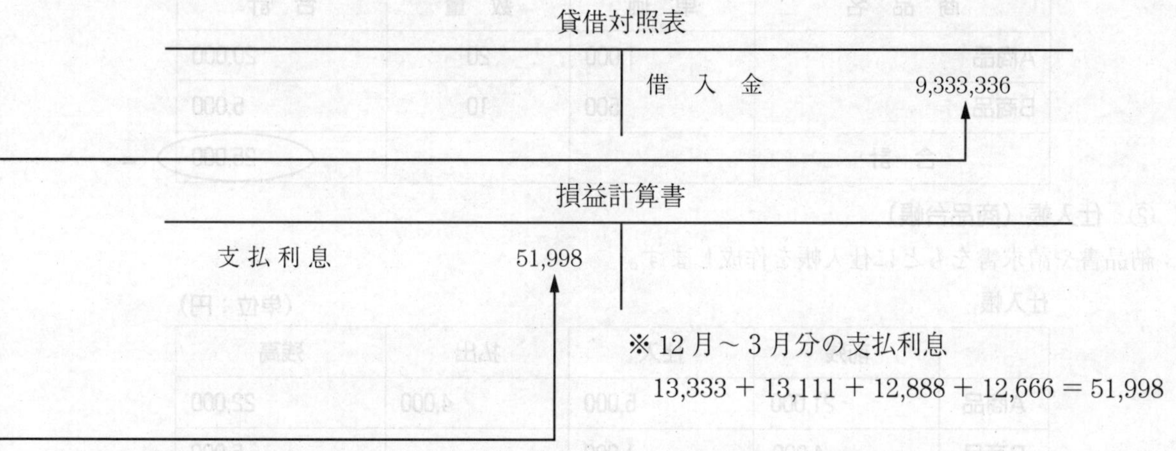

貸借対照表
借 入 金　9,333,336
損益計算書
支 払 利 息　51,998
※12 月～３月分の支払利息
13,333 + 13,111 + 12,888 + 12,666 = 51,998

なお，税務署に提出する法人税申告書には借入金及び支払利子（利息）の内訳書を添付する必要があります。

借入金及び支払利子の内訳書

借入先 / 所在地（住所）	法人・代表者との関係	期末現在高	期中の支払利子額 / 利率	借入理由	担保の内容
○○銀行		9,333,336	51,998 1.60%		
計		9,333,336	51,998		

58 商品・材料

(1)　基礎資料を準備しよう

①　棚卸表の作成

期末に実施した実地棚卸の結果を棚卸表にとりまとめます。

棚卸表　　　　　　　　　　　　　　　　　　　　　　　(単位：円)

商品名	単価	数量	合計
A商品	1,000	20	20,000
B商品	500	10	5,000
合計			25,000

②　仕入帳（商品台帳）

納品書や請求書をもとに仕入帳を作成します。

仕入帳　　　　　　　　　　　　　　　　　　　　　　　(単位：円)

	前残	仕入	払出	残高
A商品	21,000	5,000	4,000	22,000
B商品	4,000	1,000	—	5,000
合計	25,000	6,000	4,000	27,000

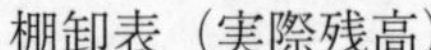

棚卸表（実際残高）

残高　25,000円

←　照合　→

仕入帳（帳簿残高）

残高　27,000円

（帳　簿）

③　棚卸表と仕入帳との残高照合

棚卸表の残高と仕入帳の残高との差異が棚卸減耗損となります。

棚卸減耗損　＝　仕入帳残高　－　棚卸表残高

(2)　伝票を作成しよう

期首時点の商品勘定残高が20,000円の場合，それぞれの仕訳は次のようになります。

期首商品の振り替え時

(借方)	期首商品棚卸高	20,000	(貸方)	商　品	20,000

期末棚卸高の認識時

(借方)	商　品	27,000	(貸方)	期末商品棚卸高	27,000

棚卸減耗損の認識時

(借方)	棚卸減耗損	2,000	(貸方)	商　品	2,000

（3） 決算ではここを確認しよう

期首時点の商品勘定残高が20,000円の場合，それぞれの仕訳は次のようになります。

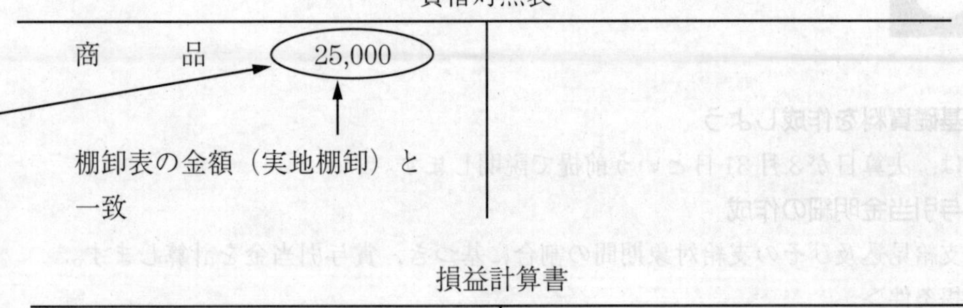

損益計算書

期首商品棚卸高	20,000	
当期商品仕入高	××	
合　計	××	
期末商品棚卸高	27,000	・・・棚卸表残高と仕入帳残高の差額と一致
差　引	××	
棚卸減耗損	2,000	・・・仕入帳の残高（帳簿金額）と一致
売上純利益	××	

59 賞与引当金

(1) 基礎資料を作成しよう

ここでは，決算日が3月31日という前提で説明します。

① 賞与引当金明細の作成

賞与の支給見込及びその支給対象期間の割合に基づき，賞与引当金を計算します。

＜前提条件＞

・夏季賞与見込額・・・月額給与の２ヶ月分

・支給対象期間・・・12/1～5/31（6ヶ月）

・引当対象期間・・・12/1～3/31（4ヶ月）

※支給対象期間のうち，決算日（3/31日）までの分が引当金の計算対象期間となります。したがって，上記の場合12/1～3/31までの分が引当対象期間となります。

＜計算例＞　（夏季賞与見込）（支給対象期間）（引当対象期間）（賞与引当金）

A社員の賞与引当金　300,000 ÷ 6ヶ月 × 4ヶ月＝ 200,000

賞与引当金明細

	社員氏名	月額給与	夏季賞与見込	支給対象期間の割合	賞与引当金
1	A社員	150,000	300,000	4ヶ月/6ヶ月	200,000
2	B社員	225,000	450,000	4ヶ月/6ヶ月	300,000
3	C社員	300,000	600,000	4ヶ月/6ヶ月	400,000
	合　計				900,000

② 賞与引当金に対する法定福利費の計算明細の作成

賞与引当金に対する法定福利費を作成します。ここでは，賞与の10%が賞与に対する法定福利費として算出しています。

賞与引当金に対する法定福利費の明細

	社員氏名	賞与引当金	法定福利費
1	A社員	200,000円	20,000円
2	B社員	300,000円	30,000円
3	C社員	400,000円	40,000円
	合　計		90,000円

（2）　伝票を作成しよう

賞与引当金及びそれにかかる法定福利費の仕訳は次のようになります。

賞与引当金及び法定福利費の明細

	社員氏名	月額給与	賞与引当金	法定福利費
1	A社員	150,000円	200,000円	20,000円
2	B社員	225,000円	300,000円	30,000円
3	C社員	300,000円	400,000円	40,000円
	合　計		900,000円	90,000円

（借方）	賞与引当金繰入額	900,000	（貸方）	賞与引当金	900,000

（借方）	法定福利費	90,000	（貸方）	未払費用	90,000

（3）　決算ではここを確認しよう！

賞与引当金及び法定福利費の明細の数値と貸借対照表及び損益計算書の残高が一致しているか確認します。

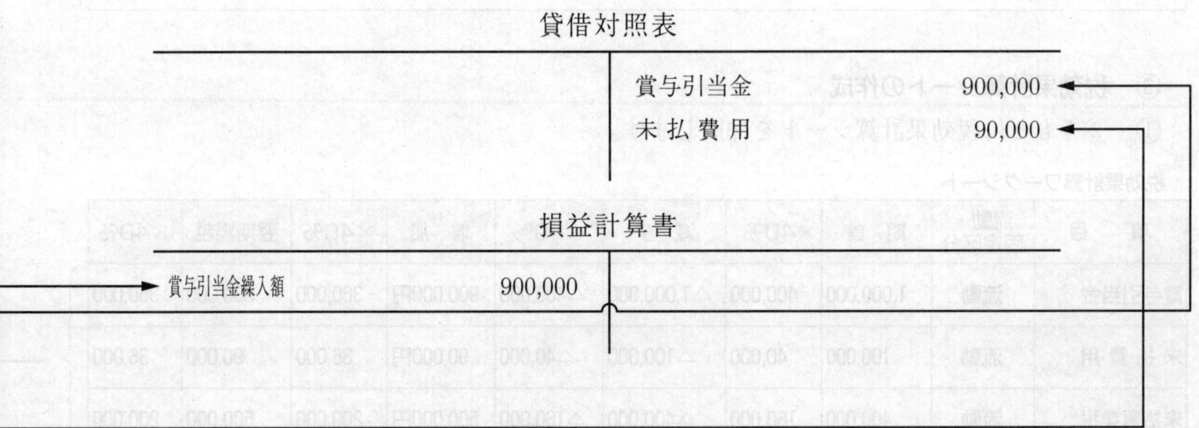

（4）　税務上の留意点も確認しよう

賞与引当金とそれにかかる法定福利費（計 990,000 円）は税務上，加算します。

60 税効果会計

（1） 基礎資料を作成しよう

① 法人税申告書別表五（一）

法人税申告書別表五（一）

項目	期首	減少	増加	翌期繰越
賞与引当金	1,000,000円	1,000,000円	900,000円	900,000円
未払費用	100,000円	100,000円	90,000円	90,000円
退職給付引当金	900,000円	100,000円	200,000円	1,000,000円

② 法定実効税率の算出

法定実効税率は下記の算式により算出します。

法定実効税率 ＝ 〔法人税率 ×（ １ ＋住民税率）＋ 事業税率〕÷（ １ ＋ 事業税率）

③ 税効果計算シートの作成

①・②をもとに税効果計算シートを作成します。

税効果計算ワークシート

項目	流動・固定区分	期首	×40%	減少	×40%	増加	×40%	翌期繰越	×40%
賞与引当金	流動	1,000,000	400,000	△1,000,000	△400,000	900,000円	360,000	900,000	360,000
未払費用	流動	100,000	40,000	△100,000	△40,000	90,000円	36,000	90,000	36,000
未払事業税	流動	400,000	160,000	△400,000	△160,000	500,000円	200,000	500,000	200,000
退職給付引当金	固定	900,000	360,000	△100,000	△40,000	200,000円	80,000	1,000,000	400,000
合計		2,400,000	960,000	△1,600,000	△640,000	1,690,000	676,000	2,490,000	996,000

※①のほか，法人事業税の未払いが期首に400,000，期末に500,000あるものとします。また，法定実効税率は40%としています。

（2） 伝票を作成しよう

税効果計算ワークシート

項目	流動・固定区分	期首	×40%	減少	×40%	増加	×40%	翌期繰越	×40%
賞与引当金	流動	1,000,000	400,000	△1,000,000	△400,000	900,000円	360,000	900,000	360,000
未払費用	流動	100,000	40,000	△100,000	△40,000	90,000円	36,000	90,000	36,000
未払事業税	流動	400,000	160,000	△400,000	△160,000	500,000円	200,000	500,000	200,000
退職給付引当金	固定	900,000	360,000	△100,000	△40,000	200,000円	80,000	1,000,000	400,000
合計		2,400,000	①960,000	△1,600,000	△640,000	1,690,000	676,000	2,490,000	②996,000

（借方）	法人税等調整額	600,000	（貸方）	繰延税金資産（流動）	600,000
	法人税等調整額	360,000		繰延税金資産（固定）	360,000
（借方）	繰延税金資産（流動）	596,000	（貸方）	法人税等調整額	596,000
	繰延税金資産（固定）	400,000		法人税等調整額	400,000

※繰延税金資産は内容によって流動資産に計上するものと固定資産に計上するものに区分します。

（3） 決算ではここを確認しよう！

税効果計算ワークシートの数値と貸借対照表及び損益計算書の残高が一致しているか確認します。

※法人税等調整額　＝　税効果ワークシート　①960,000　－　②996,000　＝　△36,000

61 前払費用・未払費用

(1) 基礎資料を準備しよう

ここでは，決算日が3月31日という前提で説明します。

① 前払費用管理表の作成

契約書や請求書などをもとに，前払費用管理表を作成します。

前払費用管理表

支払先	内　容	支払日	対象期間	支払金額	前払金額
○○不動産	駐車場代	H18.9.30	H18.10.1－H19.9.30	240,000	120,000
△△保険	役員年払保険料	H18.7.1	H18.7.1－H19.6.30	600,000	150,000
合　計				840,000	270,000

前払金額の算出方法

○○不動産の場合

（支払金額）　（対象期間）　（前払期間）　（前払金額）

240,000 ÷ 12ヶ月（10/1～9/30）× 6ヶ月（4/1～9/30） ＝ 120,000

② 未払費用内訳表の作成

前払費用同様，通知書などをもとに，未払費用内訳表を作成します。

未払費用内訳表

支払先	内容	未払金額	備考
社会保険事務所	社会保険料３月分	450,000	納付通知書
従業員	未払給与３月分	3,150,000	
合計		3,600,000	

左記　未払給与の算出方法

前提条件：給与締日毎月 10 日，支給額 4,650,000

(支給額)		(対象期間)		(未払期間)		(未払額)
4,650,000	÷	31 日（3/11 ～ 4/10）	×	21 日（3/11 ～ 3/31）	=	3,150,000

(2) 伝票を作成しよう

左記の前払費用の○○不動産に関しての仕訳は次のようになります。

(借方)	前払費用	240,000	(貸方)	現預金	240,000
	地代家賃	120,000		前払費用	120,000

同様に，未払費用の給与 3 月分に関しての仕訳は次のようになります。

(借方)	給料手当	3,150,000	(貸方)	未払費用	3,150,000

(3) 決算ではここを確認しよう

前払費用管理表及び未払費用内訳表と貸借対照表の残高が一致しているか確認します。

貸借対照表

前払費用	270,000	未払費用	3,600,000

(4) 税務上の留意点も確認しよう

事務処理の煩雑さから前払費用を集計せずに，支払った期日の費用として処理する場合もありますが，税務上も次の要件を満たせば前払費用として処理しない特例処理が認められます。

<特例処理の 3 要件>

① 契約に基づいて継続して役務提供を受けること

② 支払った日から一年以内に役務提供を受けること

③ 支払った事業年度で費用（損金）処理していること

62 貸倒引当金

（1） 基礎資料を作成しよう

貸倒引当金集計表の作成

貸倒引当金の対象となる債権科目の管理表などをもとに，貸倒引当金集計表を作成します。債権とみなさない額に記載がある場合は，対応する債務科目や内訳もわかるようにしておきます。

貸倒引当金集計表

債権		債権とみなさない額	差引額
科目名	金額		
売掛金	6,500,000	0	6,500,000
受取手形	3,000,000	0	3,000,000
立替金	550,000	50,000	500,000
小　計	10,050,000	50,000	10,000,000
貸倒繰入率			6/1000
貸倒引当金繰入額			60,000

債権とみなさない額の内訳

（債権）立替金　A会社　50,000

（債務）未払金　A会社　450,000

貸倒引当金の金額を集計するときは，それぞれの科目の合計額だけではなく，必ず内訳まで確認しておく必要があります。

（2） 伝票を作成しよう

※上記の他，前期の貸倒引当金（繰入額）が50,000あるとします。

差額補充法及び洗替法の仕訳は，それぞれ次のようになります。

差額補充法の場合

当期繰入額60,000と前期繰入額50,000の差額10,000を計上します。

（借方）	貸倒引当金繰入額	10,000	（貸方）	貸倒引当金	10,000

洗替法の場合

まず，前期繰入額を全額戻します。

（借方）	貸倒引当金	50,000	（貸方）	貸倒引当金戻入	50,000

つづいて今期繰入額を計上します。

（借方）	貸倒引当金繰入額	60,000	（貸方）	貸倒引当金	60,000

どちらの方法で会計処理を行っても，貸倒引当金の最終的な残高は一致します。

（3） 決算ではここを確認しよう

貸倒引当金集計表の数値と貸借対照表の残高が一致しているか確認します。貸倒引当金は評価性引当金のため，貸借対照表上ではマイナス表示されます。

貸借対照表

貸倒引当金　△60,000	

63 退職給付引当金

（1） 基礎資料を作成しよう

① 期末における退職金要支給額の計算明細の作成

退職金規程に基づき，期末における社員別の退職金要支給額を計算します。ここでは簡便法により月額給与に係数などを乗じて計算するものとします。

<計算例>　　（月額給与）（勤務年数）（係数）　（退職金支給額）

B社員の退職金要支給額　200,000 × 6 × 0.75 ＝ 900,000

退職金の要支給額の計算明細

	社員氏名	月額給与	勤務年数	係　数	期末要支給額
1	A社員	100,000	3	0.5	150,000
2	B社員	200,000	6	0.75	900,000
3	C社員	300,000	10	1	3,000,000
	合　計				4,050,000

係数表（退職金規程より）

役　職	係数
部長・課長	1
係長・主任	0.75
一般社員	0.5
入社２年未満	0.25

※簡便法とは，退職給付債務を数理計算により算定するのではなく，自己都合要支給額等により簡易的に見積もる方法のことをいいます。

② 期末要支給額の増減明細の作成

要支給額が確定したら，期首残高や支給実績を確認し，増減明細を作成します。

期末要支給額の増減明細

	項　目	金　額
1	期首引当金残高	3,700,000円
2	当期減少額（－）	
	退職による取崩し額	150,000円
3	当期増加額（＋）	
	当期引当金増加額	500,000円
	差引き合計	4,050,000円

(2) 伝票を作成しよう

期中に退職金を支給したときの仕訳は次のようになります。

(借方) 退職給付引当金	150,000	(貸方) 現 預 金	150,000

決算時に退職給付引当金を計上するときの仕訳は次のようになります。

(借方) 退職給付引当金繰入額	500,000	(貸方) 退職給付引当金	500,000

(3) 決算ではここを確認しよう！

期末要支給額の増減明細の数値が，貸借対照表や損益計算書と一致しているか確認します。

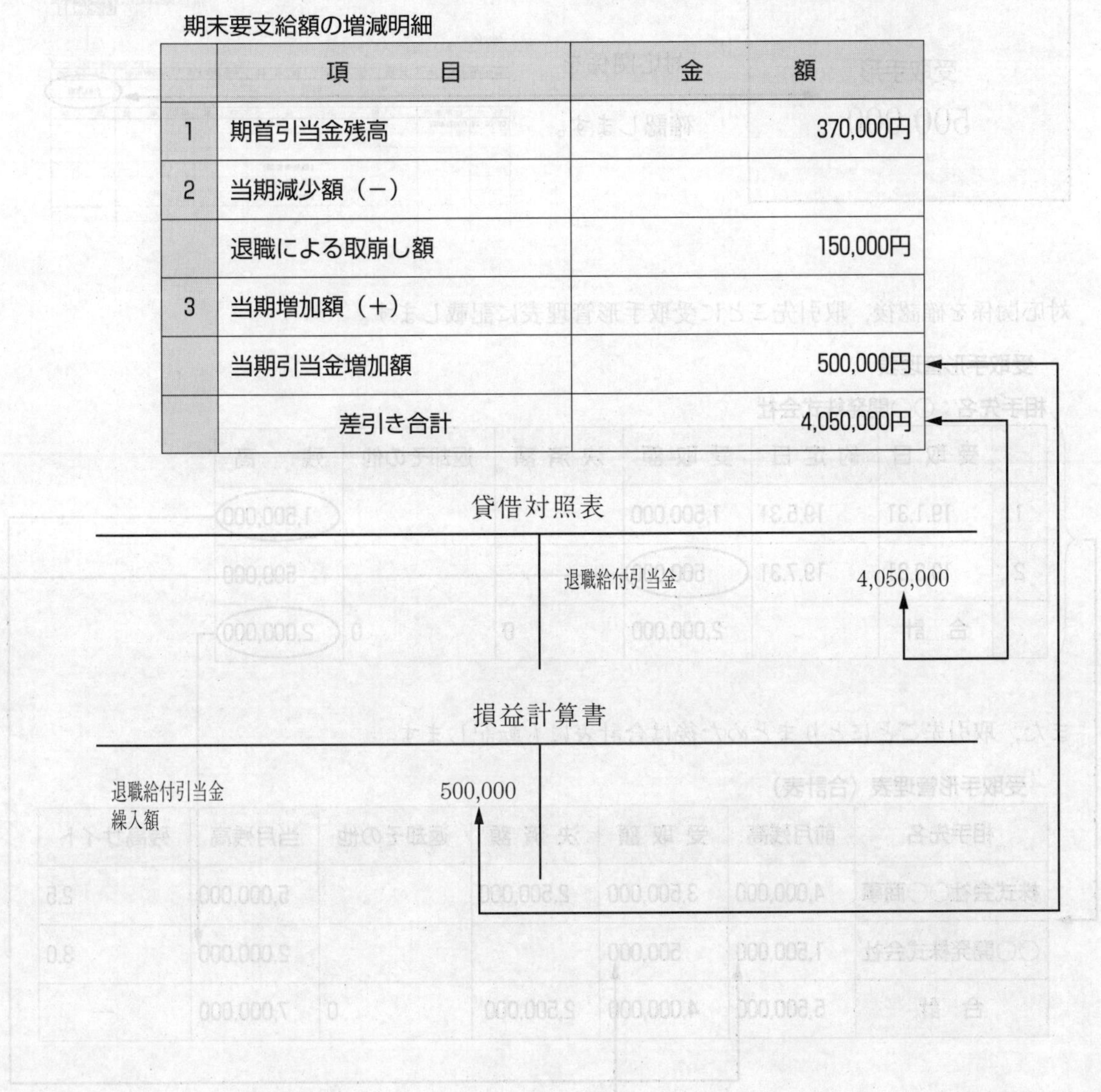

期末要支給額の増減明細

	項　目	金　額
1	期首引当金残高	370,000円
2	当期減少額（－）	
	退職による取崩し額	150,000円
3	当期増加額（＋）	
	当期引当金増加額	500,000円
	差引き合計	4,050,000円

64 売上・受取手形

（1） 基礎資料を準備しよう

受取手形管理表の作成

手形を受け取った場合は，請求書や売掛金台帳などと照合して，対応関係が正しいかを確認します。

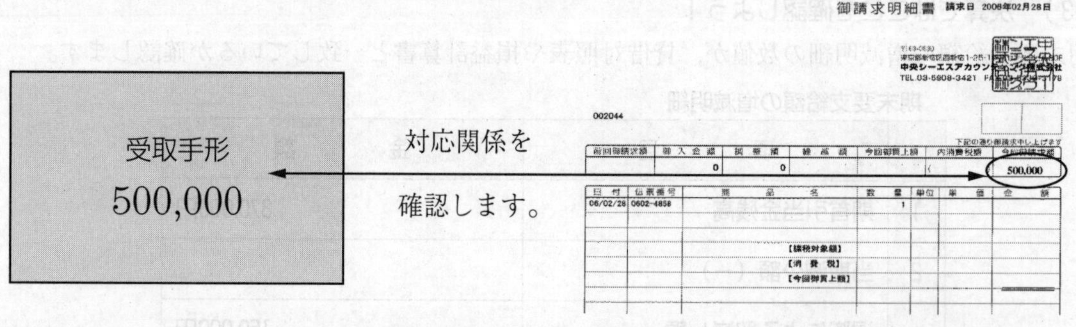

対応関係を確認後，取引先ごとに受取手形管理表に記載します。

受取手形管理表

相手先名：○○開発株式会社

	受取日	約定日	受取額	決済額	返却その他	残高
1	19.1.31	19.5.31	1,500,000			1,500,000
2	19.3.31	19.7.31	500,000			500,000
	合計		2,000,000	0	0	2,000,000

また，取引先ごとにとりまとめた後は合計表にも転記します。

受取手形管理表（合計表）

相手先名	前月残高	受取額	決済額	返却その他	当月残高	残高サイト
株式会社○○商事	4,000,000	3,500,000	2,500,000		5,000,000	2.5
○○開発株式会社	1,500,000	500,000			2,000,000	3.0
合計	5,500,000	4,000,000	2,500,000	0	7,000,000	—

(2)　伝票を作成しよう

売掛金を受取手形で回収した段階で次のように仕訳をします。

(借方)　受取手形　150,000	(貸方)　貸倒引当金　150,000

(3)　決算ではここを確認しよう

受取手形管理表の残高と貸借対照表の残高が一致しているか確認します。

受取手形管理表（合計表）

相手先名	前月残高	受取額	決済額	返却その他	当月残高	残高サイト
株式会社○○商事	4,000,000	3,500,000	2,500,000		5,000,000	2.5
○○開発株式会社	1,500,000	500,000			2,000,000	3.0
合計	5,500,000	4,000,000	2,500,000	0	7,000,000	—

貸借対照表

受取手形　7,000,000

また，受取手形は貸倒引当金の対象科目のため，貸倒引当金集計表にも転記します。

貸倒引当金集計表

債権		債権とみなさない額	差引額
科目名	金額		
売掛金	×××		
受取手形	7,000,000		
立替金	×××		
小計	×××		
貸倒繰入率			×/1000
貸倒引当金繰入額			×××

65 売上・売掛金

(1) 基礎資料を準備しよう

売掛金管理表の作成

売上の計上は役務の提供時または引渡時に行います。請求書をもとに売上を計上しますが，場合によっては納品書を使って売上を計上することもあります。売上を計上したら，売掛金管理表に記載します。この管理表をもとに債権管理を行います。

No. P0604-16239

御請求明細書 請求日

〒163-0630
東京都新宿区西新宿1-25-1
中央シーエスアカウンティング株式会社
TEL.03-5908-3421 FAX03-

001511

下記の通り御請求申し上げます

前回御請求額	御入金額	調整額	繰越額	今回御買上額	内消費税額	今回御請求額
0	105,000	0	0	105,000	(5,000)	105,000

日付	伝票番号	商品名	数量	単位	単価	金額
						105,000
			1		60,000	60,000
			1		40,000	40,000
		【入金額】				105,000
		【課税対象額】				100,000
		【消費税】				5,000
		【今回御買上額】				105,000

売掛金管理表

相手名：□□会社

	発生日	入金予定日	発生金額	回収額	残高	備考
1	19.2.28	19.3.31	157,500	0	157,500	19.4.10 入金予定
2	19.3.31	19.4.30	105,000	0	105,000	
	合計		262,500		262,500	

また，取引先ごとにとりまとめた後は合計表にも転記します。

売掛金管理表（合計表）

売掛先名	締日	前月残高	発生金額	回収額				繰越残高
				現預金	手形	その他	計	
○○商事	末日	840,000	1,050,000	840,000			840,000	1,050,000
□□会社	末日	157,500	105,000				0	262,000
		997,500	1,155,000	840,000	0	0	840,000	1,312,500

(2) 伝票を作成しよう

左記の□□社の３月分の売上計上時の仕訳は以下のようになります。

（借方）売 掛 金 105,000　　（貸方）売　　上 105,000

（3） 決算ではここを確認しよう

売掛金管理表の残高と貸借対照表の残高が一致しているか確認します。

売掛金管理表（合計表）

売掛先名	締　日	前月残高	発生金額	回　収　額				繰越残高
				現預金	手　形	その他	計	
○○商事	末日	840,000	1,050,000	840,000			840,000	1,050,000
□□会社	末日	157,500	105,000				0	262,000
		997,500	1,155,000	840,000	0	0	840,000	1,312,500

貸借対照表

売掛金　1,312,500

また，売掛金も貸倒引当金の対象科目のため，貸倒引当金集計表にも転記します。

貸倒引当金集計表

債　権		債権とみなさない額	差引額
科目名	金　額		
売掛金	1,312,500		
受取手形	×××		
立替金	×××		
小　計	×××		
貸倒繰入率			×/1000
貸倒引当金繰入額			×××

66 保険積立金・保険料

（1） 基礎資料を作成しよう

① 保険加入一覧表の作成

保険会社から送られてくる保険証券や保険契約のご案内などをもとに保険加入一覧表を作成します。このなかで，生命保険に関しては留意が必要です。法人が加入する生命保険は，税法に規程する区分ごとに損金算入できる金額や期間が定められているため，加入する保険ごとに会計処理方法を確認する必要があります。

保険加入一覧表

会社名	保険種類	保険期間	支払金額	備考
○○生命	長期平準定期	H17.12～H57.12	280,000／月	費用処理と積立金処理 1/2ずつ
△△生命	定期保険	H16.10～H36.10	100,000／月	全額 積立金処理
××損保	火災保険	H18.4～ H19.3	250,000／年	全額 費用処理

② 保険積立金管理表の作成

保険積立金に関しては，支払いのつど，管理表にも記載をします。

保険積立金管理表

名前	前年残	4月	5月		2月	3月	合計
××生命	560,000	140,000	140,000		140,000	140,000	2,240,000
○○生命	2,000,000	100,000	100,000		100,000	100,000	3,200,000
計	2,560,000	240,000	240,000		240,000	240,000	5,440,000

(2)　伝票を作成しよう

左記の保険の支払時の仕訳はそれぞれ以下のようになります。

○○生命分

(借方)			(貸方)	
保険料	140,000		現預金	280,000
保険積立金	140,000			

△△生命分

(借方)			(貸方)	
保険積立金	100,000		現預金	100,000

××損保分

(借方)			(貸方)	
保険料	250,000		現預金	250,000

会社の決算日や会計方針によっては一部を前払費用にする場合があります。

(3)　決算ではここを確認しよう

保険積立金管理表の残高と貸借対照表の残高が一致しているか確認をします。

貸借対照表

保険積立金　5,440,000	

保険に関する会計処理に関しては取扱いが複雑なものもあるので，保険会社に問い合わせるとともに書籍などでも確認しましょう。次の書籍は実務で非常に有益です。

・『保険税務のすべて』新日本保険新聞社
・『保険税務Q＆A』税務研究会出版局
・『新版　保険・年金の税務　Q＆A』　ぎょうせい

67 有価証券

(1) 基礎資料を作成しよう

① 有価証券の売却明細の作成

証券会社から送られてくる取引明細や株式の売買契約書などをもとに，売却した有価証券に関して有価証券の売却明細を作成します。なお，売却原価の単価に関しては，事前に会社で定めた方法（総平均法か移動平均法）に基づいて算出します。

有価証券売却明細

銘　柄	譲渡対価			譲渡原価			売却損益
	単価	株数	金額	単価	株数	金額	
S株式	750	40	30,000	250	40	10,000	20,000
合計			30,000			10,000	20,000

② 期末における時価情報の取得

売買目的有価証券など，期末において時価評価しなければならない有価証券について，決算日の時価を取得します。

③ 有価証券の増減明細の作成

証券会社から送られてくる取引明細や株式の売買契約書および決算日の時価情報などをもとに，増減のあった有価証券に関して有価証券の増減明細を作成します。

有価証券増減明細　（単位：円）

銘柄	期首	増加	減少	期末	時価	評価益
A株式	100,000	20,000		120,000	140,000	20,000
S株式	50,000		10,000	40,000	40,000	—
合計	150,000	20,000	10,000	160,000	180,000	20,000

※増減明細に，株数の欄を加える場合があります。

（2） 伝票を作成しよう

左記のＳ株式を売却したときの仕訳は次のようになります。

（借方） 現 預 金	30,000	（借方） 有価証券	10,000
		有価証券売却益	20,000

決算時の時価評価に関して，Ａ株式が売買目的有価証券の場合の仕訳は次のようになります。

（借方） 有価証券	20,000	（貸方） 有価証券評価益	20,000

その他有価証券の場合の仕訳は次のようになります。

（借方） 有価証券	20,000	（貸方） 有価証券評価差額	20,000

（3） 決算ではここを確認しよう！

有価証券の売却明細や増減明細の数値が，貸借対照表や損益計算書の残高と一致しているか確認します（Ａ株式に関しては売買目的有価証券とします）。

貸借対照表

有価証券	180,000		

損益計算書

		有価証券評価益	20,000
		有価証券売却益	20,000

9

付　録

決算チェックリスト

会　社　名

第　　　　期

自　平成　　　年　　　月　　　日

至　平成　　　年　　　月　　　日

ファイル	チェック	責任者	担当

CS Accounting CO., LTD.
CSアカウンティング株式会社

決算チェックリスト目次

チェックリスト

補足リスト

1. 決算必要資料一覧表

(1)　銀行残高証明書 □
決算日現在の預金，借入金，割引手形等について，銀行より残高証明書を入手

(2)　決算日現在の現金の保管部署を確認し，有高を把握 □
(実際残高と現金出納帳残高は一致しているかどうか)

(3)　当座預金の銀行勘定調整表 □
決算日以降 15 日までの当座預金照合表を入手

(4)　たな卸集計表 □
決算日現在のたな卸のまとめ表の作成

(5)　1年間の給与明細表 □

(6)　申告書 □

1) 法人税 □

2) 地方税 (道府県民税＋市町村民税) □

3) 消費税 □

(7)　月次終了時点での総勘定元帳 □

(8)　前年度の申告書に添付した勘定内訳書 □

2. 一般決算チェック

	Yes	No	該当なし
(1) 関係会社及び同族関係人との債権，債務の残高が一致していることを確認しましたか。(ex. 未収・未払利息)	□	□	□
(2) 関係会社及び同族関係人との取引の有無・内容を確認しましたか。(ex. 不動産売買，借地権設定，役員社宅，業務委託契約)	□	□	□
(3) 前回税務調査の指摘事項は確認しましたか。	□	□	□
(4) 決算関係の打合せ事項のメモ・記録について再確認しましたか。(ex. 契約書・議事録等の要作成文書の済・未済)	□	□	□
(5) 剰余金の分配や役員賞与の方針・金額を確認しましたか。	□	□	□
(6) 評価方法等税務届出書，消費税関係届出書を再確認しましたか。	□	□	□
(7) 契約書等の印紙貼付の状況を確認しましたか。	□	□	□
(8) 前期の決算チェックリストを再確認しましたか。	□	□	□
(9) 前期の申告内容で修正・更正等の有無を確認しましたか。	□	□	□
(10) 直近の会社登記簿謄本を確認しましたか。(ex. 役員，資本金，本店所在地等の移動)	□	□	□
(11) 決算整理仕訳一覧表を記載しましたか。	□	□	□
(12) 決算整理仕訳一覧表に基づき，伝票起票しましたか。	□	□	□

3. 個別決算チェック

	Yes	No	該当なし
（1） 現　金	□	□	□
① 決算日前後の現金出納帳の入出金を入手して，異常項目を確認しましたか。	□	□	□
② 簿外現金の有無を確認しましたか。	□	□	□
（2） 預　金	□	□	□
① 銀行残高証明書を入手し，帳簿残高と一致しているか確認しましたか。	□	□	□
② 当座預金の不一致については，「銀行勘定調整表」を作成しましたか。	□	□	□
③ 簿外口座の有無を確認しましたか。	□	□	□
（3） 売掛金・未収入金			
① 得意先元帳（売掛金明細表）と帳簿残高は一致していますか。	□	□	□
② 1年以上の未入金，得意先の倒産，長期滞留がないか，確認しましたか。	□	□	□
（4） 受取手形			
① 受取手形記入帳と帳簿残高は一致していますか。	□	□	□
② 割引手形，裏書手形の適正な処理及び注記がなされているか確認しましたか。	□	□	□
③ 割引手形，裏書手形の金額を確認しましたか。	□	□	□

割引手形　　　　　　　円

裏書手形　　　　　　　円

Yes　No　該当なし

④　手形割引料は「手形売却損勘定」を使用していますか？　□ □ □

⑤　受取手形について，不渡手形，期日経過がないか，確認しましたか。　□ □ □

（5）　有 価 証 券　□ □ □

①　帳簿残高について，銘柄，株数，取得価額等を現物，預り証等により確認しましたか。　□ □ □

②　当年度の増減については，内容，理由を会社に確認しましたか。　□ □ □

③　有価証券の区分を確認しましたか。（下記参照）　□ □ □

<table>
<tr><th colspan="2">法人税法上の区分</th><th>評価方法</th><th>会計上の区分</th><th></th><th colspan="2">表示科目</th></tr>
<tr><td colspan="2">売買目的有価証券</td><td>時価法</td><td>売買目的有価証券</td><td>→</td><td colspan="2">有価証券</td></tr>
<tr><td rowspan="4">売買目的外有価証券</td><td rowspan="2">償還有価証券</td><td rowspan="2">定額法による償却原価法</td><td>満期保有目的の債券</td><td rowspan="3">}→</td><td>一年以内</td><td>有価証券</td></tr>
<tr><td>その他有価証券（債券）</td><td rowspan="2">一年超</td><td rowspan="2">投資有価証券</td></tr>
<tr><td rowspan="2">上記以外</td><td rowspan="2">原価法</td><td>その他有価証券（株式）</td></tr>
<tr><td>子会社・関連会社株式</td><td>→</td><td colspan="2">関係会社株式</td></tr>
</table>

④　「有価証券チェックシート」を作成しましたか？　□ □ □

（6）　商品・製品　□ □ □

①　商品・製品のたな卸表（実地棚卸）を入手し，帳簿残高と一致しているか確認しましたか。　□ □ □

②　積送・未着在庫・預け在庫・預り在庫がたな卸表に反映していますか。　□ □ □

③　決算期の翌月分の仕入請求で異常な返品・値引はありませんか。　□ □ □

④　引取運賃，購入手数料，荷役費，運送保険料，関税等の仕入諸掛の算入もれはありませんか。　□ □ □

⑤　評価方法は，届出書と一致していますか。　□ □ □

⑥　税込処理の場合，消費税の算入もれはありませんか。　□ □ □

	Yes	No	該当なし
⑦ 自己製造の場合，労務費や製造経費の算入もれはありませんか。	□	□	□
⑧ 不良在庫，除却洩れ在庫等の評価損や除却損の計上手続きは確認しましたか。	□	□	□
（7） 貯 蔵 品	□	□	□
① 計上貯蔵品の内容について確認してましたか。（ex. 切手，印紙，テレホンカード，タクシーチケット etc.）	□	□	□
② 取得時に損金処理できるか検討しましたか。	□	□	□
（8） 貸 付 金			
① 貸付先毎の残高と帳簿残高は一致していますか。	□	□	□
② 借用書等は，作成していますか。	□	□	□
③ 貸付金利息は，適正利率で計上していますか。	□	□	□
④ 仕訳伝票上，貸付金として扱われていますか。	□	□	□
⑤ 貸付金利息未計上分について，計上しましたか。	□	□	□
⑥ 倒産先や返済不能先はありませんか。	□	□	□
（9） 立替金，前渡金，仮払金	□	□	□
① 相手先毎の残高と帳簿残高は一致していますか。	□	□	□
② 精算できるものはないか，確認しましたか。	□	□	□
ア）現金精算できませんか。	□	□	□
イ）費用精算できませんか。	□	□	□
ウ）同一相手の未払金，借入金等と相殺できませんか。	□	□	□

	Yes	No	該当なし
(10) 土地・借地権等	□	□	□
① 土地の購入代価の他，付随費用は物件単位で正しく計上されていますか。	□	□	□
② 当期の増減について，その有無・内容を再確認しましたか。	□	□	□
③ 収用・交換等の特例対象はありませんか。	□	□	□
(11) 建物，付属設備，構築物，機械，車両，器具等	□	□	□
① 減価償却明細表を作成または入手し，帳簿残高と一致しているか確認して下さい。	□	□	□
ア）期末帳簿価額について，明細書と帳簿残高は一致していますか。	□	□	□
イ）減価償却費について，明細書と帳簿残高は一致していますか。	□	□	□
② 当期の増減について，その内容を確認して下さい。	□	□	□
ア）取得について購入代価の他付随費用は正しく計上されていますか。	□	□	□
イ）除却・売却処理について再確認しましたか。	□	□	□
ウ）少額減価償却資産は損金処理を検討しましたか。	□	□	□
エ）収用・交換等の特例対象はありませんか。	□	□	□
オ）期中取得したものの消費税の処理方法は確認しましたか。	□	□	□
③ 減価償却費について次の確認をして下さい。	□	□	□
ア）償却方法は届出書のとおりになっていますか。	□	□	□
イ）特別償却の対象になるものはありませんか。	□	□	□
ウ）新規取得分について耐用年数，事業供給用月は適正ですか。	□	□	□

		Yes	No	該当なし
エ）	減価償却費について，製造原価，一般管理費の按分は適正ですか。	□	□	□
(12)	建設仮勘定	□	□	□
①	見積書の内容を確認し，現場視察を行いましたか。	□	□	□
②	事業の用に供される日を確認しましたか。	□	□	□
③	消費税の仕入税額控除に算入できるものを確認しましたか。	□	□	□
(13)	無形固定資産，投資等，繰延資産	□	□	□
①	当期の増減について，内容を確認しましたか。	□	□	□
②	償却費について，法定償却通りになっているか確認しましたか。	□	□	□
③	借地権，権利金，敷金，保証金は契約書を確認しましたか。(ex. 権利金の確定課税，不返還敷金等)	□	□	□
④	ゴルフ会員権等の取得・処分等の処理を確認しましたか。	□	□	□
(14)	支 払 手 形	□	□	□
①	支払手形記入帳と帳簿残高が一致しているか確認しましたか。	□	□	□
②	支払期日が経過しているものはないか確認しましたか。	□	□	□
③	融通手形の有無を確認し，ある場合は責任者に報告をしましたか。	□	□	□
(15)	買　掛　金	□	□	□
①	仕入先元帳（買掛金明細書）と帳簿残高が一致しているか確認しましたか。	□	□	□
②	1年以上支払いがない相手先について内容を確認しましたか。	□	□	□

	Yes	No	該当なし
(16) 未払金，未払費用	□	□	□
① 内訳明細表を作成または入手し，帳簿残高について一致しているか確認しましたか。	□	□	□
② 次の未払金等について確認しましたか。	□	□	□
ア）締後の請求書到着分の未払計上	□	□	□
イ）見積計上による未払計上	□	□	□
ウ）給与，決算賞与の未払計上	□	□	□
エ）未払賞与は，事業年度末日に確定し，その翌日から一月以内に支払っていますか。	□	□	□
(17) 前受金，仮受金	□	□	□
① 内訳明細表を作成または入手し，帳簿残高と一致しているか確認しましたか。	□	□	□
② 1年以上計上されているものはないか確認しましたか。	□	□	□
③ 売上計上すべきものが含まれていませんか。	□	□	□
(18) 預　り　金	□	□	□
① 預り金明細表を作成または入手し，帳簿残高と一致しているか確認しましたか。	□	□	□
② 源泉税預り金は所定分の預り金となっていますか。	□	□	□
(19) 借　入　金（短期・長期）	□	□	□
① 借入金残高明細表を作成しまたは入手し，帳簿残高と一致しているか確認しましたか。	□	□	□
② 残高証明書を入手し，一致しているか確認しましたか。	□	□	□

	Yes	No	該当なし
③ 役員・株主等個人からの借入金の利子の有無を確認しましたか。	□	□	□
(20) 引 当 金			
① 「貸倒引当金明細書」等を作成しましたか。	□	□	□
(21) 未払法人税等，未払消費税等	□	□	□
① 未払法人税等	□	□	□
ア）法人税について未払計上（法人税等）していますか。	□	□	□
イ）地方税について未払計上（法人税等）していますか。	□	□	□
ウ）事業税について未払計上（法人税等）していますか。	□	□	□
② 未払消費税等について計上していますか。			
(22) 資 本 金			
① 増減資，資本積立金の増減，自己株式の取得・消却・処分は確認しましたか。	□	□	□
② 株主，出資者の期中移動の有無・取引内容を確認しましたか。			
③ 名義株の有無を確認しましたか。			
(23) 売 上 高			
① 売上計上基準が前期と変更はないか確認しましたか。	□	□	□
② 締後売上は計上されていますか。	□	□	□
③ 売上手続きや会社資料を調べ，売上計上もれを確認しましたか。	□	□	□
(24) 仕入・売上原価			
① 仕入計上基準が前期と変更はないか確認しましたか。			

	Yes	No	該当なし
② 締後仕入は，計上されていますか。	□	□	□
③ 原価率に異常はありませんか。　前年　　%　　当年　　%	□	□	□
④ 売上高と売上原価の個別的ないし数量的対応関係は確認しましたか。	□	□	□
(25) 販売費・一般管理費			
① 給与・賞与	□	□	□
ア）給与台帳と帳簿残高は一致していますか。	□	□	□
イ）役員報酬の期中改訂がある場合には，取締役会議事録等の作成をしていますか。	□	□	□
ウ）同族関係人（役員）の常勤・非常勤区分，報酬の有無等を確認しましたか。	□	□	□
エ）役員賞与（兼務役員を含む）の有無を確認しましたか。	□	□	□
オ）現物給与等の有無を確認しましたか。（ex. 社宅，海外旅行，私的支出）	□	□	□
カ）未払の給与について確認しましたか。	□	□	□
② 退　職　金	□	□	□
ア）退職日・退職金計上時期・退職金額の計算根拠を確認しましたか。	□	□	□
イ）役員退職金については，株主総会議事録・取締役会議議事録の作成をしていますか。	□	□	□
③ 交際費・使途不明金等	□	□	□
ア）他科目交際費について検討しましたか。（ex. 福利厚生費，広告宣伝費，会費，販売促進費，ゴルフ会員費の年会費）	□	□	□

	Yes	No	該当なし
イ）使途不明金・使途秘匿金の有無を確認しましたか。 （ex. 領収書の無い支出）	□	□	□
④ 租税公課	□	□	□
ア）税金の処理方法を確認していますか。	□	□	□
イ）損金不算入になるものを抜き出しましたか。 （ex. 交通反則金，印紙過怠税，罰料金）	□	□	□
ウ）事業税のうち所得割額が租税公課に含まれていませんか。（法人税，住民税及び事業税）	□	□	□
⑤ 修　繕　費	□	□	□
ア）見積書等にて資本的支出との判定をしましたか。	□	□	□
イ）1件100千円以上，200千円未満の支出についての処理を確認しましたか。	□	□	□
⑥ 賃　借　料	□	□	□
ア）同族関係人からの賃借料が適正かを検討しましたか。	□	□	□
イ）12ヶ月以上ある賃借料について，その理由を確認しましたか。	□	□	□
⑦ 保　険　料	□	□	□
ア）保険契約書または証券にて支払保険料の処理を確認しましたか。	□	□	□
イ）保険積立金との対応処理を確認しましたか。	□	□	□
ウ）保険契約の変更，解約の有無及び処理の内容を確認しましたか。	□	□	□
⑧ 各費用について前期と比較し，増減内容を確認しましたか。	□	□	□
⑨ 福利厚生費，雑費，諸会費，支払手数料の支出内容について確認しましたか。	□	□	□

	Yes	No	該当なし
(26) 営業外収益・特別利益	□	□	□
① 受取利息・配当金	□	□	□
ア）源泉徴収された所得税等について両建計上に統一していますか。	□	□	□
イ）計上受取配当金について，有価証券チェック表とチェックしましたか。	□	□	□
② 雑収入・特別利益	□	□	□
ア）雑収入内訳表を作成または入手し，帳簿金額と一致しているか確認しましたか。	□	□	□
イ）益金不算入になるものを抜き出しましたか。	□	□	□
(27) 営業外費用・特別損失	□	□	□
① 支払利息・手形売却損・保証料	□	□	□
ア）借入金利のオーバーオールテストをしましたか。 $\left\{\frac{\text{計上支払利息}}{(\text{期首借入金残高}+\text{期末借入金残高})\div 2}\right\}$	□	□	□
イ）前期支払利息と比較し，異常な増減はありませんか。	□	□	□
② 雑損失・特別損失	□	□	□
ア）雑損失内訳表を作成または入手し帳簿金額と一致しているか確認しましたか。	□	□	□
イ）損金不算入になるものを抜き出しましたか。	□	□	□
ウ）車両等の下取り処理を確認しましたか。	□	□	□
③ 貸 倒 損 失	□	□	□
ア）計上分について，個々に税務上の要件を確認しましたか。	□	□	□

Yes　No　該当なし

イ）個別基準の貸倒引当金の設定について確認しましたか。 □ □ □

銀行勘定調整表

銀行　　　　支店

（単位：円）

項　　目	内　　　　容	金　　　額
1．会社残高		
2．加算項目		
加算小計		
3．減算項目		
減算小計		
4．銀行残高		

↓

当座鑑定照合表と一致

有価証券チェックシート

区分	銘　柄	①株式数	取得価額		期末時価		⑥評価損益	受取配当金	備考
			②単価	③取得価額 (①×②)	④時価単価	⑤期末時価 (①×④)	(⑤−③)		

貸倒引当金明細表

項目		設定基準	算入限度額	損金算入額	備考
貸倒引当金	(個別評価)				1. 個別評価の要件を満たしていますか □ 2. 繰入限度額の算入限度額は，確認しましたか □
	(一括評価)				1. 実績による繰入率の計算は問題ありませんか □ 2. 法定繰入率は確認しましたか □ 3. 貸金に個別評価の対象は含まれていませんか □ 4. 実質的に債権と見られないものは確認しましたか □

決算整理仕訳一覧表（　　年　　月分）

日	借方科目	部門 補助	貸方科目	部門 補助	消費税 コード	金額	概要 No.	摘要（内容）

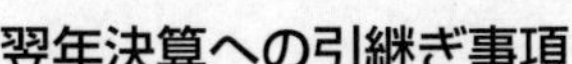

翌年決算への引継ぎ事項

No.	項　　　　目	内　　　　容（処理）

【会社紹介】

CSアカウンティング株式会社

平成2年　本郷公認会計士事務所（現　辻・本郷税理士法人）企業代行部門から独立し，現在約150名の人員を有する。上場企業を中心にコンサルティング・アウトソーシングを行っており，会計，税務，購買管理，販売管理，給与計算，社会保険及びこれらに付随する業務の全てをワンストップで提供している。

現在は，多くの会計アウトソーシングの実績を背景とし，実務家による実務に役立つ教育事業をコンセプトに，経理財務スキル検定「FASS」講座の運営も併せて行っている。

〒163-0630
東京都新宿区西新宿1-25-1
新宿センタービル30階
TEL 03-5908-3421（代表）
FAX 03-5339-3178
URL　http://www.cs-acctg.com

編者との契約により検印省略

平成19年7月3日　初版第1刷発行

経理・財務
お仕事マニュアル 入門編

編　者　CSアカウンティング株式会社
発行者　大　坪　嘉　春
製版所　美研プリンティング株式会社
印刷所　税経印刷株式会社
製本所　株式会社三森製本所

発行所　東京都新宿区下落合2丁目5番13号　株式会社 税務経理協会
郵便番号 161-0033　振替 00190-2-187408　電話 (03) 3953-3301（編集部）
FAX (03) 3565-3391　(03) 3953-3325（営業部）
URL　http://www.zeikei.co.jp/
乱丁・落丁の場合はお取替えいたします。

ISBN978-4-419-04896-9　C1033